LLORAR, REÍR, VIVIR

PAIDÓS EMPRESA

Yokoi Kenji

Llorar, reír, vivir

泣く、笑う、生きる。

Simplemente Yokoi Kenji

PAIDÓS EMPRESA

Obra editada en colaboración con Editorial Planeta - Colombia

© Yokoi Kenji Díaz, 2025

© Fotografía de portada: Hernán Puentes, 2025

© 2025, Editorial Planeta Colombiana S. A. – Bogotá, Colombia

Derechos reservados

© 2025, Ediciones Culturales Paidós, S.A. de C.V.
Bajo el sello editorial PAIDÓS M.R.
Avenida Presidente Masarik núm. 111,
Piso 2, Polanco V Sección, Miguel Hidalgo
C.P. 11560, Ciudad de México
www.planetadelibros.com.mx
www.paidos.com.mx

Primera edición impresa en Colombia: abril de 2025
ISBN: 978-628-7578-88-3

Primera edición impresa en México: junio de 2025
ISBN: 978-607-569-999-8

No se permite la reproducción total o parcial de este libro ni su incorporación a un sistema informático, ni su transmisión en cualquier forma o por cualquier medio, sea este electrónico, mecánico, por fotocopia, por grabación u otros métodos, sin el permiso previo y por escrito de los titulares del *copyright*.

Queda expresamente prohibida la utilización o reproducción de este libro o de cualquiera de sus partes con el propósito de entrenar o alimentar sistemas o tecnologías de Inteligencia Artificial (IA).

La infracción de los derechos mencionados puede ser constitutiva de delito contra la propiedad intelectual (Arts. 229 y siguientes de la Ley Federal del Derecho de Autor y Arts. 424 y siguientes del Código Penal Federal).

Si necesita fotocopiar o escanear algún fragmento de esta obra diríjase al CeMPro (Centro Mexicano de Protección y Fomento de los Derechos de Autor, http://www.cempro.org.mx).

Impreso en los talleres de Litográfica Ingramex, S.A. de C.V.
Centeno núm. 162-1, colonia Granjas Esmeralda, Ciudad de México
Impreso en México – *Printed in Mexico*

Índice

Prólogo

—Solo quiero saber cómo fue tu vida hasta los doce años.

La doctora Soledad desconocía mi trabajo social, mis conferencias, mi historia de amor. No sabía, ni quiso saber, de los momentos que, para mí, eran los más importantes.

—Solo háblame de tu infancia —insistió.

Luego de un par de sesiones, diseccionó mi personalidad con precisión quirúrgica.

¿Cómo pudo ser tan certera con tan poco?

Subestimamos la infancia. Creemos que quedó atrás, pero sigue aquí. No es un recuerdo, es estructura.

Más del 80 % de nuestro comportamiento es inconsciente. Cambiamos de país, de trabajo, de pareja… pero lo no sanado nos sigue a donde vayamos.

El bosque me persigue. Escucho voces.

Unas dicen "corre". Otras susurran "desiste".

Esta nueva entrega de historias es mi búsqueda de cambio, equilibrio y paz.

No hay prisa. Masticar bien es lo recomendable.

Este libro contiene palabras en japonés para que el lector, si lo desea, juegue a pronunciarlas, a buscarlas.

Alguien me preguntó:

—Yokoi, ¿has cambiado tu mensaje?

—No. Solo mensajeo mis cambios.

Bienvenido.

> "La infancia es el suelo
> sobre el que caminaremos
> toda nuestra vida".
>
> Lya Luft (1938-2021)
> *Escritora, traductora y columnista brasileña.*

Introducción

Simplemente Yokoi Kenji

泣く、笑う、生きる。

Llorar, reír, vivir

Nacemos llorando.

Aprender a reír nos toma toda la vida.

Quizá en ese equilibrio —entre lágrimas y dientes— radique el arte de vivir.

A pesar de que mi primer libro se titula *Salón 8*, una y otra vez, para mi tristeza, lo encuentro en la sección de autoayuda.

Indignado, y a escondidas, lo cambio de lugar.

Entonces repito lo que tantas veces he dicho: no soy *coach*, no soy mentor, no soy gurú y no sé de neuronada.

No dicto cursos de cómo ser exitoso, feliz o millonario.

Soy trabajador social. He perdido amigos por el suicidio en Japón y otros por la violencia en Colombia. Ninguna riqueza, logro o fama los traerá de vuelta.

Pensé en llamar a este libro *Poesía triste y deprimente*, de Yokoi Kenji, con un zapato roto en la portada (para ver si, por fin, las librerías lo cambian de sección).

Cuando insistieron en que mi rostro debía aparecer nuevamente en la portada, entré en conflicto.

Soy un trabajador social, no un positivista.

Así que lo vandalicé.

Y al verme sin un diente, supe que los que ya partieron al cielo, mis amigos, me reconocerían.

Llorar, reír, vivir.

Porque es el único ciclo que nos pertenece.

No hay reglas para eso, no hay orden ni mapas.

Solo el instinto de seguir adelante.

Finalmente, confieso que sí me gustaría ser un buen escritor, pero qué le digo, mi querido lector, en esto también apenas estoy logrando ser, simplemente, Yokoi Kenji.

私が出会った怪物は、すべて人間だった。

"Todos los monstruos
que conocí son humanos".

Capítulo 1

そういうことなんだ

Sō iu koto

Así son las cosas

"La sabiduría exige un precio desmesurado.
Por eso abundan los genios, pero los sabios son raros".

Yokoi Kenji

Así son las cosas.

El monje era venerado en la aldea. Querido por todos, respetado por su serenidad y sabiduría. Pero un día, un escándalo sacudió su nombre.

Una joven de familia adinerada, tras semanas de llanto y silencio, confesó estar embarazada. Y cuando sus padres le exigieron el nombre del responsable, ella señaló, sin dudar, al monje del templo.

La noticia corrió como fuego entre la gente. Pronto, una multitud se agolpó a las puertas del templo. Gritos, insultos, miradas cargadas de indignación.

Cuando los padres de la joven se enfrentaron al monje, él los escuchó en silencio. Luego, con la misma calma de siempre, dijo solo estas palabras:

—Así son las cosas.

La ira de la familia no disminuyó. "Al nacer el niño, volveremos. Y te harás cargo de él".

Los seguidores del templo no esperaron más. Desilusionados, recogieron sus cosas y se marcharon. Solo se quedaron una anciana, un joven jardinero y un gato.

El monje los miró y repitió, con un suspiro:

—Así son las cosas.

Meses después, la mujer dio a luz a un niño hermoso. Pero ni su inocencia calmó el rencor de su familia. Cumpliendo su palabra, fueron al templo, dejaron al bebé en los brazos del monje y dijeron:

—Es tu hijo. Tú te harás cargo.

Por primera vez, el monje sintió el peso de la incertidumbre. Pero al mirar al niño en sus brazos, respiró hondo, acarició su pequeña frente y dijo con ternura:

—Así son las cosas.

Pasaron un par de años. La reputación del monje había desaparecido, pero eso no parecía importarle. Dedicó su vida al niño, lo cuidó con amor, le contó historias bajo la luna. A su lado, el pequeño creció fuerte y feliz.

Hasta que un día, la joven madre volvió.

Con los ojos llenos de lágrimas, confesó la verdad. El niño no era hijo del monje. En su desesperación, había inventado la historia para ocultar su amor prohibido con un joven del mercado de pescado.

Su familia, destrozada por la vergüenza, se arrodilló ante el monje y le imploró perdón. "Déjanos criar al niño. Déjanos reparar nuestro error".

El monje escuchó en silencio. Luego, con el corazón apretado por el desapego, tomó al niño en sus brazos una última vez, besó su frente y con voz firme dijo:

—Así son las cosas.

Por más que nos sorprenda, las injusticias no son nuevas. Son tan antiguas como la humanidad misma.

Lo que sigue inquietándome no es la mentira en sí, sino la ira que despierta la injusticia. El fuego que nos consume cuando nos acusan falsamente.

Un hombre, acusado de asesinato, mató a su acusador para probar su inocencia.

Un esposo, cegado por los celos, acusó a su mujer de mirar a otro hombre, aunque ella ni siquiera se había fijado en él… hasta que su propio esposo lo señaló.

Los héroes del cine destruyen ciudades enteras en nombre de la justicia.

Aprender a defenderme de la injusticia fue fácil. Señalar, alzar la voz, desafiar con la mirada, golpear la mesa. Eso lo aprendí sin esfuerzo.

Lo difícil es lo otro.

Lo difícil es callar cuando todo en mí quiere gritar.

Lo difícil es dejar que la verdad florezca a su tiempo.

Lo difícil es ser el monje y decir, sin ira, sin miedo:

—Así son las cosas.

Antes, me parecía un cobarde.

Ahora sé que se necesita una fuerza extraordinaria para no caer en la trampa de la injusticia. Para vencer con la verdad sin perder la paz.

Las personas más poderosas no son las que imponen su verdad, sino las que la sostienen en silencio, sin apresurar su llegada.

Sí. Así son las cosas.

Capítulo 2

アルバイト
Arubaito

Trabajo a medio tiempo

Las madres latinas siempre están preocupadas.

El ángulo caído de sus cejas no les permite mentir.

Ni siquiera en uno de los países más seguros del mundo pueden disimular su angustia.

Muchas han tenido que enterrar a los suyos.

Tal vez por eso, sus preocupaciones pesan más.

—¿Qué haces en las tardes? —preguntó Mary.

—Nada, estoy buscando qué hacer.

Acababa de terminar mi trabajo como traductor en una institución religiosa, donde pasé tres largos años como un monje zen. Ahora quería probar algo diferente.

—Pues te tengo un *arubaito* —dijo con ese tono convincente y entusiasta que solo las madres latinas saben usar.

Arubaito es una palabra alemana adoptada por los japoneses para referirse a trabajos temporales.

—¿Qué te parece si, a cambio de unos yenes, recoges a Natalie en la escuela?

Mary vive en Yokohama con su madre, la señora Pola, y su hija Natalie de nueve años.

—Sí, puedo hacerlo. Aunque no sé si sea necesario aquí...

Me refería a la seguridad en Japón, donde incluso niños de siete años caminan solos a la escuela.

—¡Oh, sí, los he visto! Con su uniforme, gorro amarillo y maleta roja. No sé cómo lo permiten, Kenji, pero me angustia mucho pensar que mi Natalie camine sola ese trayecto —respondió Mary.

—Bueno, no es exactamente sola...

Cuando llegué a este país a los diez años, me maravillaba la precisión con la que los maestros conocían mis rutas.

Sabían la puerta por la que entraba o salía; incluso si alteraba mi camino.

Una vez, decidí desviarme a un *konbini* para comprar un helado de cien yenes.

Al día siguiente, los maestros ya sabían mi recorrido.

Intrigado, recurrí a mi padre.

—Mira, muchacho, unos ojos te ven salir y otros te ven llegar. *Wakaru ka?* (¿Lo entiendes?).

Ante mi cara atónita, continuó:

—Los ojos de tu madre se conectan con los de tus compañeros, los de la señora que barre, las madres en bicicleta, los abuelos en los semáforos, los tenderos, los empleados rumbo al tren. Todos esos ojos están velando por ti.

A medida que crecí y dominé el idioma, entendí lo tangible de esa red silenciosa.

Ellos conocían mi apellido y dónde vivía.

Bastaba con saludar a una vecina o al joven de la tienda para recibir respuestas como:

—Eres el hijo de los Yokoi, ¡cómo has crecido!

—Sé que vienes de América del Sur, ¿verdad?

—Vaya, has aprendido bien el japonés.

Después de años en Japón, aprendí a distinguir entre sentirse vigilado y sentirse protegido.

Fue entonces cuando realmente pude disfrutar del país.

Por eso no creía necesario acompañar a Natalie.

Pero una madre latina no lo entendería.

Acepté el *arubaito*, y mis tardes se llenaron de historias.

Porque Natalie hablaba sin parar.

Sus enormes ojos verdes y su cabellera ondulada destacaban entre sus compañeros japoneses.

—*Ashita mo mukae ni kuru no?* (¿Mañana también vendrás a recogerme?).

Me despedía con un abrazo.

Sin darme cuenta, me había convertido en su hermano mayor.

El hospital de Kannai

Por eso fue tan doloroso cuando el doctor del hospital me ordenó con severidad:

—Debes sujetarla con toda tu fuerza para que yo pueda hacer mi trabajo.

Natalie lloraba con gritos desgarradores.

El dolor de oído se había intensificado.

El pediatra encontró un objeto extraño, pero Natalie negaba saber cómo llegó allí.

—¡*Onii Chan*, es por su bien! Si no la sujetas, no podré sacarlo.

Un doctor, dos enfermeras y una niña de ojos verdes que gritaba sin parar.

Parecía una escena de *El exorcista*.

Mi afecto por Natalie debilitaba mi fuerza con su llanto.

Así que, para no soltarla por cuarta vez, decidí ignorarla y mirar al frente, como hacía mi padre cuando una pregunta no le interesaba.

Entonces ocurrió algo que aún hoy recuerdo con dolor.

Natalie guardó un silencio sepulcral.

Aterrado, busqué su rostro, temiendo que hubiera perdido el conocimiento.

Pero fue aún peor.

Me miraba fijamente, con los ojos inundados de lágrimas.

No con rabia.

No con miedo.

Sino con una decepción profunda.

Como quien observa a un ser querido que ha traicionado.

Redención en un helado.

No supe cómo explicarle lo que pasó.

Ni mi complicidad con los médicos.

Ni cómo ignoré su sufrimiento.

Camino a casa, le compré un helado.

Como los adultos solían hacer con nosotros en Colombia después de una visita al dentista.

Natalie me perdonó con el tiempo.

Como bien saben hacer los niños.

Pero cada vez que paso frente al hospital de Kannai, esa mirada vuelve a mí.

Tal vez por eso, busco redención en una poesía triste.

Poesía triste

Mi querida niña,
no hay palabras suficientes
ni escapes posibles.
Así es la vida,
con su capricho inconstante.
Un día nos colma de sonrisas,
al siguiente nos carga con su peso helado.
No supe entonces,
no sé ahora,
cómo expresar cuánto me dolió también.

Tu mirada doliente
hirió mi alma profundamente.
Pero ahora, estés donde estés,
sé que entiendes
que hay cosas que no se explican,
solo se sobrellevan.

Capítulo 3

なんでもいい

Nandemo ii

Cualquier cosa

No ir a Japón,
no probar sushi,
no conocer Machu Picchu
o el Amazonas.
No pasa nada.
Jamás ver el mar,
nunca subir una montaña
ni navegar en un barco.
No pasa nada.
No aprender inglés,
no bailar un tango,

ni jugar ajedrez.
No pasa nada.
¿Quién dijo que debes leer
Cien años de soledad,
Anna Karenina,
Los miserables?
¿O saber del principito
y su flor?
No pasa nada,
y te libras de problemas.
Porque los problemas son
de quienes se mueven,
de quienes despiertan preguntas,
líos, miedos, desafíos.
Por eso, mejor no te enamores,
no beses,
no vistas de novia,
no tengas hijos,
no vayas a la universidad,
no asistas a una iglesia.
Y así te librarás
de todo lo que eso conlleva.
Solo tendrás un problema.
Como la niña María,
que para evitar problemas
se limitó a ver el mundo pasar
desde su ventana.
Si el prisionero ignora su encierro,

jamás intentará escapar.
Una vida sin movimiento,
sin riesgos, sin errores,
sin preguntas ni acción,
es una tragedia disfrazada de calma.
Dostoievski lo dijo:
"La mejor manera de evitar que un prisionero escape
es asegurarse de que nunca sepa que está en prisión".
Hubo un tiempo en que preguntar
era un pecado,
indagar sobre lo desconocido,
un desafío imperdonable.
Pero algunos,
en lugar de conformarse,
se atrevieron a viajar,
a calcular, a experimentar.
Así descubrimos algo que
cambió el mundo:
no sabemos casi nada.
Aceptamos nuestra ceguera,
dejamos de perseguir a los que dudaban
y de crucificar a los que preguntaban.
Porque esa búsqueda
problemática de la verdad
trajo algo más:
libertad.
Un niño me pide que hable en japonés.
—¿Y qué quieres que diga?

—Cualquier cosa.
—*Nandemo ii.*
—Ja, ja, ¿y qué significa?
—Significa cualquier cosa.
Ya no somos niños.
Si la vida nos da una oportunidad,
no podemos conformarnos con cualquier cosa.
No aspirar a más,
no querer conocer, descubrir, arriesgarse,
es casi un pecado.
Porque aunque el conocimiento traiga problemas,
la ignorancia nos condena
a una vida sin historia.
Antes me parecía injusto.
Un hombre recibió una moneda,
la guardó, la devolvió intacta.
No robó, no mintió, no hizo nada malo.
Pero ahora lo sé.
No hizo nada.
Y la vida no perdona la inacción.
Por su ventana,
la niña María
tras el vidrio veía el mundo pasar.
Las risas de otros niños,
las bodas, los trenes,
las sombras al anochecer.
Los días giraban como hojas al viento,
las estaciones mudaban su piel,

pero ella, quieta,
seguía allí.
Los niños crecieron,
las jóvenes se casaron,
los ancianos partieron,
y ella quedó.
Cien años después,
cuando el tiempo olvidó su nombre,
cuando su reflejo ya no le devolvía la infancia,
aún la llaman
"la niña".

自分らしくあれ、でもいつも同じ自分でいるな。

"Sea usted mismo,
pero no sea
siempre el mismo".

Capítulo 4

Ouchi

Hogar

Viajo en el tren Iryo de Madrid a Barcelona.

Frente a mí, erguido y firme, duerme Kenji David, con la misma solemne postura de su madre cuando descansa. A su lado, Keigo, el menor, doblado como un junco, con el cuello torcido y la dura arista del tren como improvisada almohada. Igual que yo en los trenes de Japón.

Tienen veintidós y dieciséis años, respectivamente.

Son distintos como el día y la noche, pero se llevan increíblemente bien.

Ambos son fuertes como robles, aunque uno se lanza al mundo con intrepidez y el otro avanza con serenidad imperturbable.

Tal vez verlos dormir despertó mis recuerdos.

—友達 *Tomodachi*

Hacer amigos en Japón fue un proceso lento.

Meses de caminatas solitarias por Midori Ku hasta que apareció Daisuke Fumoto, con su inesperada aceptación hacia mi confuso e intrépido carácter extranjero.

Solía visitar mi casa y disfrutar, sin reservas, los platos colombianos que preparaba mi madre. Le fascinaba verla cantar y reír a carcajadas, un espectáculo inusual en Japón, pero natural en una auténtica latina.

Dudo que algún otro niño conociera a Midori Ku tan bien como yo.

Sabía dónde encontrar sembradíos de frutas, jardines con perros amistosos, casas abandonadas que explorábamos con terror emocionante y basureros de fábricas llenos de desechos metálicos, perfectos para ser blanco de nuestras pistolas de aire.

Aunque nada superaba las terrazas de los edificios, con sus vistas vertiginosas.

Allí nos liberábamos del estricto orden japonés y pasábamos horas observando las nubes.

—Si eres nuevo en Japón, ¿cómo es que conoces tantos lugares interesantes?

No supe explicarle.

En los meses sin amigos, me convertí en explorador. Caminaba kilómetros entre barrios, fábricas y plantaciones. Solo cuando el cosquilleo del extravío y la inminente oscuridad me advertían que era hora de volver, emprendía el regreso. Equivocándome una y otra vez hasta encontrar el camino.

Fue así como aprendí a orientarme no por calles ni edificios, sino por lo orgánico y genuino:

Los perros jugueteando en sus jardines,

los árboles frutales con sus siluetas inconfundibles,

los rostros en los comercios.

Esa fue mi brújula más confiable.

—Fumoto, ¿quieres una naranja? ¡Yo sé dónde hay!

Sabía dónde encontrar uvas verdes, gigantescas uvas negras y hasta un paraíso de peras enormes.

Mis patines sorprendieron a Fumoto.

Eran un modelo militar que encontré en un viejo bar de Nakayama.

La dueña, una japonesa mayor con gran estilo, vendía artículos de soldados americanos.

Por mil quinientos yenes, adquirí mis primeros patines.

Cuando volvimos al bar, aún quedaba el otro único par.

Fuimos los niños más veloces del barrio.

El Día del Hogar en la escuela

En Japón, existe el *KateiSanka*, el día en que los padres visitan la escuela.

Los hombres llegan en traje, las madres con perlas y vestidos sobrios en tonos oscuros.

Se sientan en la parte trasera del aula y observan a sus hijos en silencio.

Los estudiantes deben actuar con total normalidad.

Para los niños inquietos, es un día de alto riesgo: cualquier intento de autocontrol puede ser delatado por el maestro con un comentario mordaz:

—Veo que Fulano está más tranquilo de lo normal.

Todos contienen la risa.

Nunca noté la ausencia de los padres de Fumoto.

Pero estoy seguro de que jamás habría permitido que su madrastra filipina asistiera en su representación.

Lo que sí noté fue la conmoción ante la llegada del niño colombiano.

—Kenji, ¿tu mamá vendrá?

—¿Tiene la piel oscura como los futbolistas?

—¿Tiene una nariz grande?

Hasta que Fumoto, con el cuello estirado como una jirafa, me susurró:

—Ya sé quién es tu mamá.

Tomé aire, miré.

Y sería falso decir que me sorprendí.

Allí estaba ella, llegando tarde como siempre, abriéndose paso entre los padres japoneses con su enorme sonrisa de intenso labial carmesí.

Un semáforo en rojo en medio de la monotonía.

Vestido fucsia ceñido al cuerpo, falda por encima de las rodillas, medias veladas color piel y tacones negros altísimos.

Como una Sofía Vergara de los años noventa en la sociedad japonesa.

La representación viva de las nuevas familias modernas: jóvenes japoneses desafiando las normas culturales al casarse con extranjeras.

—Tu madre es la de rojo, ¿verdad?

Guardé silencio.

No hacía falta responder.

—起きろ! *Okiro!*

Este tren está llegando a su destino.

Debo dejar de escribir.

Pero si pudiera volver atrás y despertar en aquel salón por solo dos minutos, haría dos cosas sin dudarlo.

Me levantaría en medio de la clase y, con orgullo,

saludaría a mi madre, diciéndole lo hermosa que está, como siempre.

Luego, abrazaría con toda mi fuerza a Fumoto,

y le aseguraría que así es como nos abrazamos los latinos.

Solo los años y las canas nos enseñan cuán valioso es tener buenos amigos.

Cuando nos sentimos perdidos, la amistad y la hermandad son lo único que nos guía de vuelta a casa.

—David, Keigo, ¡despierten!

Hemos llegado a Madrid.

El tren

El tren avanza,
pero la infancia se queda,
en los rostros que no miramos,
en las calles que aprendimos de memoria.
Un amigo espera en la azotea,
las naranjas aún cuelgan del árbol,
y el viento arrastra el eco
del abrazo que nunca dimos.
Si cierras los ojos,
puedes volver a casa,
pero ábrelos a tiempo,
antes de que el tren
te lleve a estaciones
donde ya no hay recuerdos.

Capítulo 5

Kumo

Araña

La vida se enreda como el hilo de una cometa olvidada en un cajón. Desespera, cansa, confunde. Pero con paciencia, todo puede desenredarse.

Recuerdo a un niño en Niterói, Brasil. Tenía doce años y untaba su hilo de cometa con vidrio molido y goma de pegar. Lo hacía con precisión, usando un guante protector para no cortarse.

—¿Para qué haces eso? —le pregunté.

—Para cortar las cometas de otros.

No era mal chico. Educado, cariñoso con sus padres. Pero en ese juego, la única forma de ganar era derribar a los demás.

—¿Y tu padre no te dice nada?

—No. Él me enseñó —sonrió.

Sobrevivir en el aire era un milagro. Todos peleaban por ser el último en volar.

Pensé en Japón. En cómo, al llegar a los diez años, todas mis ideas de juego parecieron peligrosas. La pólvora en Colombia quemaba niños cada diciembre, pero en Japón, hasta las canicas podían ser una amenaza. Me parecía un país aburrido, sin adrenalina.

Con el tiempo, entendí. Allí la emoción estaba en otras cosas: en un pétalo de sakura flotando en abril, en una araña tejiendo su red con paciencia milimétrica.

Mi hermano menor, Hajime, me habló de una historia que, según él, lo marcó profundamente. Al oírla, comprendí el motivo.

El hilo de la araña

Akutagawa Ryunoske

Buda caminaba por el paraíso cuando, al acercarse a un lago de loto, vio en sus aguas la imagen del infierno. Allí, en un lago de sangre, se agitaba Kandata, un hombre que había robado, quemado casas y asesinado sin remordimiento.

Pero Buda recordó algo. Un solo acto de bondad.

Una vez, Kandata vio una araña en su camino y, en lugar de aplastarla, la dejó ir. No es justo quitarle la vida a un ser tan insignificante, pensó.

Esa pequeña acción bastó. Desde una flor de loto en el cielo, una araña tejió un hilo plateado que descendió hasta el infierno.

Kandata lo vio y la esperanza iluminó su rostro. Sin dudarlo, se aferró y comenzó a trepar. Subía con destreza, pero tras un rato, agotado, miró hacia abajo.

Una multitud de almas también ascendía.

El pánico lo invadió. Si siguen subiendo, el hilo se romperá.

—¡Este hilo es mío! —gritó—. ¡Suéltenlo!

Y en ese instante, el hilo se rompió.

Kandata y todos los demás cayeron de nuevo al lago de sangre.

Desde lo alto, Buda observó sin ira ni lástima. Las flores de loto siguieron floreciendo, indiferentes al destino de los hombres.

Hilos enredados. Cometas que luchan por ser las últimas en el aire. Creencias, costumbres, juegos peligrosos, egoísmo, redención. Nada tiene mucho sentido, como la vida misma.

“Hilos del destino y manos egoístas,
lo que se aferra solo para uno
termina por romperse para todos”.

夢を見るのは揺り椅子に座るようなもの。楽しいが、どこにも進まない。計画こそがすべてだ。

“Soñar es
como una silla mecedora: entretiene,
pero no lleva a ningún lado. Planificar
lo es todo”.

Capítulo 6

天国と地獄

Tengoku to Jigoku

Cielo e infierno

También pude haber nacido del amor entre un padre palestino y una madre israelí. Mis rasgos serían distintos, pero la paradoja de ser hijo de dos fuegos cruzados ardería como nunca.

Me llevó años reconciliar mis dos mundos: Japón y Colombia. Recuerdo momentos de histeria, plegarias, terapias y conversaciones que se extendían hasta el amanecer. Me aferraba a no perderme en los extremos, a no convertirme en un militante de un solo lado, recordando siempre que soy ambos y, al mismo tiempo, de ninguno.

Las mentes radicales no toleran que alguien sea dos cosas al mismo tiempo. Para ellas, siempre hay que elegir un lado, enlistarse en un bando. No basta con que creas en Dios, quieren saber si crees en su Dios. No importa si amas el fútbol, sino a qué equipo apoyas. No es suficiente que te duela la violencia; necesitas tomar postura política para que tu dolor sea válido.

Crecí entre dos extremos: un padre ateo de lógica desafiante y una madre creyente, llena de fe para alcanzar sus sueños. Y, aun así, he visto a mi padre poseído por Dios en sus acciones y al demonio huir despavorido ante la ira de mi madre.

Cuando los visito en Niigata, me asomo a un paraíso tejido por almas opuestas. Han construido su propio equilibrio, bailando la música del amor y la paciencia, sin pisarse los pies. Me pregunto si cielo e infierno no son lugares a los que llegamos después de la muerte, sino estados que tejemos con cada acción, con cada palabra.

He visto muchas banderas alzarse en nombre de la paz y caer en nombre de la venganza. Un pueblo decidió cumplir la ley de "ojo por ojo y diente por diente" y terminó sin ojos para ver ni dientes para morder su propio pan.

El radical cree que solo existen el negro y el blanco, la derecha y la izquierda. No quiere ver otros colores. Pero no se engañen: también se esconde detrás de una bandera multicolor y, desde allí, discrimina a quien no piensa como él.

Se cuenta que un temido samurái visitó a un anciano sabio en las montañas. Sin rodeos, le preguntó:

—Maestro, ¿cuál es el camino del cielo y cuál el del infierno?

El anciano lo miró con desdén.

—Tú, un guerrero tosco y sin mente, jamás podrías entender algo tan sublime.

El samurái sintió la sangre hervir en sus venas. Su espada se deslizó fuera de la vaina, lista para blandirse sobre el anciano.

—Eso que sientes, esa ira incontrolable, ese deseo de destruir —dijo el maestro con calma—, es el infierno.

El samurái quedó paralizado. Lentamente, volvió a envainar su espada. Su pecho se llenó de admiración por la valentía del anciano, por su sabiduría. Se inclinó, sintiendo una inesperada compasión por aquel hombre.

—Y eso que ahora sientes —agregó el maestro—, esa paz, esa admiración… ese es el cielo.

No sé con certeza dónde iré después de la muerte. Pero si cielo e infierno existen, estoy seguro de que empiezan aquí, en la forma en que vivimos, en cómo nos tratamos, en cómo decidimos responder al odio o a la compasión.

Tal vez, la verdadera pregunta no es dónde terminaremos cuando muramos, sino qué estamos construyendo mientras estamos vivos.

“Mi única postura es el dolor,
sin interés en que los demás
sientan lo mismo. Entiendo la ira de
unos y admiro el amor de otros.
Ojalá los segundos sean los
que prevalezcan”.

時に、沈黙は耐えがたい音を放つ。一方で、人ごみの喧騒は心を落ち着かせることもある。

"A veces,
el silencio hace
un ruido insoportable.
Y el bullicio de una
multitud arrulla".

Capítulo 7

みみず

Mimizu

La lombriz

Antes, mucho antes, cuando el mundo tenía un rostro distinto, la hierba crecía hasta las nubes y los árboles apenas llegaban a las rodillas.

En aquellos días, la serpiente aún no tenía ojos, pero poseía la voz más hermosa del bosque. Cantaba desde el amanecer hasta la noche, y nadie, nadie cantaba mejor que ella. Su voz nostálgica le susurraba al sol, al gran girasol, al rocío y a las estrellas, a las que comparaba con faroles colgantes en la negrura del cielo.

Los animales suspiraban al escucharla:

—Si no fuera por las canciones de la serpiente, jamás sabríamos lo bello que es el mundo.

Pero la serpiente solo imaginaba lo que describía. Quizás por eso, en su mente, el mundo era aún más hermoso de lo que realmente era.

Lejos de allí, en un pantano silencioso, vivía una lombriz con enormes ojos oscuros, pero sin voz. Podía ver el sol brillar y las mariposas danzar, pero no podía compartir ni su alegría ni su tristeza. Solo observaba en silencio, mientras los demás apenas notaban su existencia.

Una primavera, un grillo viajero llegó al bosque y escuchó el canto de la serpiente. También vio la tristeza en los ojos de la lombriz y tuvo una idea.

Esperó a que la serpiente terminara su canción y se acercó con cautela.

—Qué hermoso es su canto, señora serpiente. Debe de ser muy feliz después de su largo sueño invernal.

La serpiente suspiró.

—Canto lo que imagino, porque siempre me rodea la misma noche negra. No veo la belleza de la primavera. No veo nada.

El grillo inclinó la cabeza, como si reflexionara.

—Si renuncia a su voz, podría ver el mundo con sus propios ojos.

La serpiente quedó en silencio.

—Daría todo por tener ojos —susurró—, pero ¿quién renunciaría a los suyos?

—Cada quien carga su propio pesar —dijo el grillo—. Conozco a alguien que cambiaría sus ojos por su voz.

Intrigada, la serpiente aceptó escuchar la propuesta.

El grillo fue entonces con la lombriz, que arrastraba su cuerpo entre las raíces del pantano.

—Señora lombriz —la llamó—, he pasado la noche entera pensando en cómo ayudarla. Tengo una idea: ¿daría usted sus ojos a cambio de una voz?

La lombriz se estremeció.

—Seguramente ha escuchado el canto de la serpiente. ¿Le gustaría cantar como ella?

La lombriz parpadeó rápidamente, como si su única manera de responder fuera pestañear.

—Si está dispuesta a cambiar sus ojos por la voz de la serpiente, ambas serán felices.

La lombriz asintió.

El grillo sonrió y frotó sus patas.

—Solo pido una pequeña recompensa por mediar en un asunto tan delicado. Me gustaría cantar, aunque sea una vez, con la voz de la serpiente.

La lombriz no puso objeciones.

Así, se concretó el intercambio.

La serpiente recibió los ojos de la lombriz y la lombriz, el canto de la serpiente. Antes de que el cambio fuera definitivo, la lombriz prestó su nueva voz al grillo por un instante.

Pero cuanto más cantaba el grillo, menos quería devolver la voz.

Su canto era exquisito y pronto fue conocido como el mejor cantante del bosque. De vez en cuando corría hacia la lombriz y le pedía más tiempo. Pero la lombriz, sin ojos ni palabras, solo podía seguir su canto con el movimiento de su cuerpo.

Mientras tanto, la serpiente abrió los ojos por primera vez.

Vio el cielo, el río, los árboles, el reflejo dorado del sol sobre el agua. Se maravilló con los colores, con la danza de las hojas en el viento, con la vastedad del mundo. Pero también vio otras cosas.

Vio a los depredadores acechando entre la maleza, vio su propia piel, rugosa y desnuda, sin alas ni patas. Se vio a sí misma, pequeña y vulnerable.

Echó de menos su voz.

Intentó cantar, pero solo salió de su boca un siseo vacío. Intentó describir la belleza que la rodeaba, pero sin su canto, las palabras no le servían de nada.

Desde entonces, la serpiente se esconde bajo las rocas y los troncos caídos, en la penumbra de su silencio. Y la lombriz excava la tierra, siguiendo el eco lejano del grillo, en busca de lo que alguna vez fue suyo.

Aunque el cuento japonés sea antiguo, nuestra inconformidad existencial sigue intacta.

> "A menudo, el precio por ver la realidad es perder la ilusión".
>
> Haruki Murakami

El culebrero sigue vendiendo milagros, mientras grillos de verbo motivacional inundan las redes con promesas de humo.

Y es curioso que, en Colombia, nadie dice que está alegre como un grillo o una culebra, sino "feliz como una lombriz", un animalito que, curiosamente, tiene diez corazones y realmente parece feliz.

Será porque la felicidad no necesita ojos ni voz, o tal vez, como dijo Jean-Paul Sartre:

"La felicidad no es hacer lo que uno quiere, sino querer lo que uno hace".

En todo caso, esta historia japonesa es tan antigua como vigente.

> "Cuidado con lo que deseas,
> porque lo puedes conseguir".
>
> Oscar Wilde

成長しても喜びを失ってはいけない。成熟が笑顔を奪うなら、それは成長ではなく、ただの老化だ。

“Debo madurar
sin perder la alegría.
Si la madurez anula tu sonrisa,
no creces, solo envejeces”.

Capítulo 8

ポップコーン

Poppukōn

Palomitas de maíz

"El fuego que nos quema
también nos forja"

Friedrich Nietzsche

Era un libro azul con pájaros en su portada, adquirido por mi madre en una librería de Cali, Colombia. Un libro de adivinanzas, entre las cuales una rezaba: "Saltando, saltando, se visten de blanco".

Mis hijos conocen el minuto y el segundo exactos para que, al sonar de la campana, las palomitas dejen de saltar y se vistan de blanco.

Para mi esposa, no hay película ni visita al cine sin ellas presentes, en tal abundancia que debo entrar haciendo equilibrio entre las sillas.

Sí, maíz pira o crispetas para el colombiano, pochoclo para el argentino y canchitas en Perú. Poporó en la bella Paraguay y pipoca para el brasileño.

Pintorescos nombres que evocan alegría, amistad y el compartir en familia.

Los humanos llevamos miles de años comiendo crispetas, como las llama mi esposa. En México han encontrado restos de palomitas de maíz que datan alrededor del año 3600 antes de Cristo.

Pero solo en 1885, el inventor Charles Cretors creó la máquina comercial para fabricar palomitas de maíz.

Siempre me fascinó cómo algo tan duro y amarillo se transformaba en algo blanco y suave al pasarlo por el fuego.

La dureza siempre representó terquedad, falta de flexibilidad y elasticidad en el cerebro. Pero a las capacidades sociales, a la inteligencia emocional y al saber trabajar en equipo las llamamos habilidades blandas.

"Te falta pasar por el fuego, cabeza de maíz", le dijo sonriente el monje a su nuevo e intrépido discípulo.

Duro como el grano de maíz es nuestro cerebro cuando se niega a perdonar a sus agresores, como si la vida fuera tan larga para vivir odiando, como si aquellos que me hicieron daño merecieran un lugar privilegiado en mi corazón.

Dura y cerrada como el maíz es la creencia de que todo es una conspiración, que la mayoría son enemigos que me odian, que soy víctima y centro del cruel y desalmado universo.

Duro es no poder abrazar con fuerza y entrega, por causa de una infancia que afectó la piel sensorial de mi expresión afectiva.

Bendito, sin embargo, sea el fuego.

Bendito el aceite y también las sartenes de hierro, que producen ese sufrimiento del calor para ablandar mi dureza.

Mi cabeza de maíz cede ante el sufrimiento, ante la pérdida de un ser amado, ante la tristeza que embarga el alma, ante el punzante dolor de una traición, ante el vacío de un abandono.

El fuego del sufrimiento es un dolor innegable, pero también purifica. Me hace más noble, más humano y menos duro.

El tiempo correcto en el fuego me hace grande, me hace saltar de un estado sólido a uno leve lleno de paz y crocante existencia.

Por eso, también es cierto que el dolor no debe exceder su tiempo, pues el fuego debe transformar mi ser, pero no acabar con mi existencia. No está bien sufrir tanto.

Siempre que hago crispetas, al finalizar busco esas semillas que se negaron a estallar, e intento rescatar algunas. Pero siempre hay unas que definitivamente no se quieren convertir, no importa cuánto tiempo pasen en el fuego.

La otra vez con Keigo Daniel, nuestro hijo menor, poseídos por la curiosidad, obligamos a una de ellas a transformarse, colocándola directamente al fuego con unas tenazas.

Vaya sorpresa, se quemó hasta quedar rostizada y no quiso brotar.

Imagino que la negación, el fanatismo, el orgullo y la terquedad le hacen eso al cerebro. Perdemos mucho por el orgullo, pero siempre se puede comenzar de nuevo.

"No puedes volver atrás
y cambiar el principio,
pero puedes comenzar donde estás
y cambiar el final".

C.S. Lewis

Capítulo 9

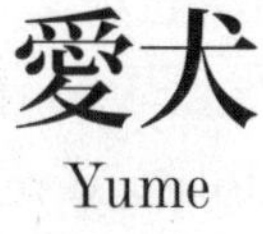

Yume

Soñar

Vivía en una casa antigua, a pocos metros del teleférico que sube a Monserrate, la iglesia blanca que vigila desde las alturas la capital bogotana.

A juzgar por su actitud, cualquiera pensaría que era el encargado del terreno donde turistas y peregrinos dejaban sus vehículos antes de ascender la montaña. No parecía interesado en mí, pero estaba seguro de que me vigilaba de reojo. Y si hacía algo mal, no dudaría en reprenderme de inmediato.

No recuerdo con certeza por qué estaba allí. Tal vez había dejado el carro para llevar a unos japoneses a conocer la iglesia.

Lo que sí recuerdo es que, mientras intentaba acariciar a un perro que rondaba el lugar, el hombre me habló sin rodeos:

—No viene.

—¿Es arisco? —pregunté.

Su boca se tensó en un gesto de desaprobación. Luego murmuró, como hablándose a sí mismo:

—Ese bendito perro no era así. Creo que se volvió loco.

Me acerqué, intrigado.

—¿Siempre fue así?

El hombre suspiró con resignación.

—De un tiempo para acá empezó a alejarse. Primero, dejó de entrar a la casa. Ahora, a donde quiera que vayamos, nos sigue, pero de lejos.

Hizo una pausa, como si le costara decir la siguiente frase.

—El otro día subió con nosotros hasta Monserrate… dos horas siguiéndonos, sin dejarse tocar, como si nos tuviera miedo.

Su voz reflejaba una mezcla de tristeza y desconcierto.

—¿El perro es suyo?

—¡Claro! Ese muérgano nació aquí mismo.

Señaló con el típico gesto colombiano de lanzar un beso al aire.

—Debajo de esa escalera. Ahí nacieron él y sus cuatro hermanos. Pero ahora nos desconoce y si intentamos agarrarlo, se espanta… o nos quiere morder.

Me miró con la misma expresión que un padre preocupado tendría al hablar de un hijo descarriado. Luego, como si buscara una explicación para su comportamiento, concluyó con la frase que mi abuelo usaba cada vez que alguien hacía una locura:

—Ese perro se embobó.

Pequeño, pero no raquítico. Lomo largo, patas cortas, pelaje amarillo quemado. Un criollo indescifrable, como tantos que deambulan por cualquier calle de Colombia.

No me gustan los juegos de azar, pero tengo una voz interna que me desafía a retos absurdos. Me ha dejado cicatrices… y también algunas victorias.

—Kenji, si el perro alguna vez fue amigable, puede volver a serlo —me dije.

—No lo sé… —me respondí.

—¡Seguro que sí! Si logramos agarrarlo, se le quita la pendejada.

A este punto, mi voz interna tenía el tono paisa de mi abuelo. Ya no había marcha atrás.

Lo atrapé.

Se retorció como endemoniado. Menos mal nadie me vio, porque parecía que estaba peleando con un demonio en miniatura.

Sujeté su cuello con firmeza, evitando sus colmillos. Lo inmovilicé, le hablé con calma. Poco a poco dejó de gruñir. Cuando al fin cedió, lo besé en la cabeza, como si fuera un bebé recién nacido.

Al cabo de un rato, su rabia se desvaneció. Pasó de gruñir a lamerse el hocico. Casi pude escuchar el clic en su cerebro cuando se rindió.

Solté mis manos. El perro permaneció inmóvil.

De la casa salieron cuatro niños, brincando de felicidad al ver al perro quieto, manso, relajado.

La familia entera lo miraba maravillada. Como si hubieran recuperado algo que creían perdido.

Entonces el perro se echó al suelo.

Y no volvió a moverse.

Las horas pasaron. Los niños jugaron con arena y palos; volvían de vez en cuando a acariciarlo.

Seis horas después, en el mismo lugar donde lo atrapé, lo enterramos.

Mi mente quedó en blanco.

No podía articular la pregunta. No podía entender qué había pasado.

Pero el peso de la culpa ya se aferraba a mis hombros.

—¿Por qué murió?

No lo sé.

Allí, en ese mismo lugar donde tranquilo dormía, murió.

Allí, en ese mismo lugar, lo enterraron.

Allí, en ese mismo lugar, el hombre cavó la tierra sin dirigirme la mirada.

Pero allí, en ese mismo lugar… desperté.

Desperté con el corazón latiendo desbocado, con la piel empapada de sudor frío y una voz serena y clara que me susurró:

—Es su cerebro, Kenji.

Me quedé inmóvil, tratando de entender.

El perro amaba a su familia, pero el dolor le impedía recibir amor. Intenté explicar el sueño, pero las palabras fallaban. Mejor lo escribí, aún con la culpa aferrada al pecho, aunque todo fuera solo un mal sueño.

Fue la Madre Teresa quien dijo:

"Ama hasta que duela".

Solo no impongas el amor, o se volverá tormento.

Y eso último me atrevo a decirlo yo.

Después de todo, fui yo quien mató al pobre perro.

最悪の日に他人の成功を祝え、栄光の中で傷ついた人を忘れない。それが人生の芸術を理解することだ。

"Aplaudir el triunfo ajeno
en mi peor día
y no olvidar al prójimo herido
en la euforia de mi gloria
es comprender
el arte de vivir".

Capítulo 10

玉ねぎ
Tamanegi

Cebolla

Cada noche, cuando la casa dormía, el fantasma glotón despertaba.

Se deslizaba por la cocina, abría la nevera y olfateaba el aire.

—*Amai, amai! Nandarō na?* (¡Dulce, dulce! ¿Qué será?).

Así descubrió el chocolate.

La noche siguiente, encontró algo suave y lo mordió con gusto.

Era pan.

Luego probó algo arrugado y agrio, era una ciruela encurtida de Japón.

Y así, noche tras noche, cantaba y probaba.

Hasta que encontró algo distinto.

Era redondo, bien envuelto, como un tesoro escondido.

Lo tomó entre sus manos y comenzó a abrirlo.

Capa tras capa.

Pero algo andaba mal.

Las lágrimas comenzaron a brotarle de los ojos.

Intentó ver mejor, pero cada vez que quitaba una capa, lloraba más.

—¿Qué será? ¿Qué será? —preguntó, y su voz era un sollozo.

Siguió abriendo y llorando, hasta que ya no quedaba nada en sus manos.

La cebolla se había deshecho antes de que pudiera entenderla.

Y por primera vez, no supo si tenía tristeza o tenía hambre.

Porque dicen que barriga llena, corazón contento.

Desde niño aprendemos a desconfiar de la bondad perfecta.

"¡Pilas, que tanta belleza no existe!", advertía mi abuela. "Ojo, que de eso tan bueno no dan tanto", sentenciaba mi abuelo con su acento paisa.

Aprendí a dudar de las virtudes impecables, a sospechar de lo que parece demasiado bueno para ser verdad.

Sin embargo, lo más difícil, lo que tardé años en comprender, fue que también debía dudar de la maldad.

Hollywood nos enseñó que los villanos son malos y los héroes buenos. Pero luego aparecen historias como la de Edward, el joven de silueta fúnebre y tijeras por manos, cuya inocencia y ternura son mayores que el filo de sus dedos.

O la bruja gemela en *El viaje de Chihiro*, cuya apariencia es idéntica a la de su hermana malvada y, al principio, aterra a la desorientada Chihiro. Pero, a diferencia de su gemela, su corazón es tan cálido como el refugio de su hogar.

Desconfiar de la bondad perfecta, pero asumir que la maldad siempre es genuina, es mirar el mundo con un sesgo. Si existen virtudes fingidas, también debe haber maldad que no es real, sino una sombra proyectada por nuestros miedos y prejuicios.

En Japón, los niños crecen con la historia de un fantasma glotón que merodea la cocina cada noche. Su sombra se desliza entre los estantes, abre la nevera y toma algo oscuro. Al probarlo, exclama con alegría:

—*Amai, amai! Nandarō na?* (¡Dulce, dulce! ¿Qué será?).

Y así descubre el chocolate.

Ahora, cada noche, sale impulsado por el recuerdo de su dulce hallazgo, buscando un nuevo manjar. La canción se alarga, verso tras verso, hasta que finalmente encuentra algo redondo y cuidadosamente envuelto.

Lo abre con avidez, capa tras capa, pero a medida que avanza, las lágrimas inundan su rostro. Cuanto más desvela, más brotan sus sollozos.

—¿Qué será? ¿Qué será? —se pregunta entre lágrimas.

Pero nunca lo supo. Aquello que descubrió se deshizo en sus manos antes de que pudiera entenderlo.

—¡Es una cebolla! —grita el intérprete de la canción infantil, mientras en la pantalla llora un fantasma, perdido entre una montaña de gajos traslúcidos.

Después de la infancia, es fácil sentirse como un glotón insaciable, un joven devorando experiencias y certezas, tratando de llenar un vacío que siempre regresa.

Como un zombi a la intemperie, canta en su lamento Alejandro Sanz.

Pero, en muchos casos, no es el fantasma.

Es la cebolla.

Es fácil juzgarse como un ser malvado o defectuoso; en cierto modo, todos lo somos. Pero al desprender algunas capas de nuestro ser, es curioso descubrir facetas nobles. Un poco más adentro, surgen intenciones egoístas que, sin querer, hieren a quienes más amamos. Y tras ellas, oculto en lo más profundo, un altruismo capaz de entregarlo todo por un desconocido.

Capa tras capa, me fui encontrando en cada una. Y muchas veces lloré en el proceso.

Comprendí que nadie es tan bueno ni tan malo como aparenta, que la vida es un constante despojarnos. No se trata de juzgar a los demás ni de condenarnos a nosotros mismos, sino de seguir quitando capas, de acercarnos, poco a poco, a lo esencial.

De nunca ser siempre el mismo.

No recuerdo quién lo dijo, pero tanto la frase como el fantasma glotón son para mí un recuerdo recurrente:

"Sea usted mismo, pero no sea siempre el mismo".

No es una incoherencia, sino una consigna. Es el lema de quien se niega a fingir lo que no es, pero tampoco acepta quedarse estancado. Porque ser auténtico no significa ser inmutable.

Al parecer, vivir no es solo juzgarse, sino aprender a despojarse. Dejar caer las capas, una a una, hasta que lo superfluo se desprenda y lo esencial salga a la luz.

Llorar de vergüenza, de alivio, de descubrimiento, como el fantasma glotón.

Desnudarnos ante nosotros mismos sin miedo a lo que encontremos.

Y bueno, ya que todos desaparecemos algún día, prefiero pensar que es mejor desvanecerse capa por capa que marchitarse en el olvido.

Tal vez eso sea lo que llaman trascender, y suena mucho mejor que pudrirse, como una cebolla abandonada en el rincón más frío de la nevera.

Capa tras capa

Desconfía del brillo perfecto y de la bondad sin grietas, pero también del rostro que duda, del alma que mal refleja. No todo villano es oscuro, ni todo héroe es verdad, hay lobos vestidos de ángeles, monstruos que saben amar. Como el fantasma glotón, buscamos lo dulce y lo eterno, pero a veces, entre las manos, solo quedan lágrimas y viento. Despojarnos no es perdernos, es descubrir quién se es.

> "Sé tú mismo; todos los demás
> ya están ocupados".
>
> Oscar Wilde

爆発することは矛盾だ。楽になるが、壊れる。だが沈黙はもっと残酷で、治るのに時間がかかる傷を刻むことになる。

"Explotar
es una paradoja:
alivia y destruye.
Pero callar es
una crueldad íntima,
es tallar heridas
que sanan
demasiado lento".

Capítulo 11

闇猫
Yamineko

Los gatos de la noche

Ajenos al paso del tiempo, como solo los niños saben serlo, sus risas resonaban en el denso bosque de bambú hasta que se toparon con un inmenso inmenso hueco que no parecía tener fondo.

Era un hoyo en la tierra, vasto y oscuro, tan profundo que ni la luz se atrevía a descender por él.

Movidos por la curiosidad —como suele pasar—, los niños comenzaron a lanzar piedras, cada vez más grandes, solo para ver cómo se perdían en la negrura infinita. Pero el eco de un silencio interrumpido despertó en ellos un vacío en el estómago. Asustados por el misterio del abismo, corrieron a dar aviso a los adultos de la aldea.

El rumor se esparció como pólvora y no pasó mucho antes de que todos salieran, intrigados, a husmear.

Después de muchas conjeturas y cuchicheos, decidieron —como si fuera algo obvio— que alguien debía descender y descubrir qué se escondía en las entrañas de la tierra.

Fue entonces cuando un hombre de unos cuarenta años, de mirada resuelta, se abrió paso entre la multitud y dijo:

—¡Yo iré!

Pidió que reunieran todas las cuerdas de la aldea y, con la ayuda de todos, improvisaron una polea rudimentaria, pero resistente.

La historia cuenta que el hombre, con el cuerpo firmemente atado, descendió lentamente durante tres días y tres noches, hasta tocar fondo. Pero no era un simple suelo de tierra. Había llegado a un mundo subterráneo.

Lo que vio lo dejó sin aliento.

Era una aldea idéntica a la suya, pero desolada. Casas vacías, calles en silencio. Solo una mujer habitaba aquel pueblo abandonado y, al verlo, salió a su encuentro.

—¿De dónde ha salido? —preguntó la mujer, con una mezcla de sorpresa y cautela.

El hombre respondió con serenidad, como si de algo natural se tratara:

—De allá arriba.

Mientras se desataba la cuerda, preguntó:

—¿Por qué está sola? ¿Dónde está el resto del pueblo?

—Los gatos de la noche se los comieron todos —respondió la mujer sin rastro de emoción—. Cuando llega la oscuridad, hay que esconderse en las criptas.

El hombre meditó un momento y, con firmeza, le dijo que tenía una solución para el problema.

Buscaron papel, tinta e improvisaron pinceles de bambú. Con ellos, el hombre dibujó gatos sobre papel blanco y los pegaron por todo el pueblo.

La mujer lo observaba con extrañeza, sin comprender el propósito de aquella tarea, pero la seguridad inquebrantable del hombre la llenó de esperanza.

Cuando la noche cayó, ambos se escondieron en una cripta.

Los gatos de la montaña, como cada noche, salieron al acecho. Sus maullidos, semejantes al llanto de bebés ahogándose, resonaban en la oscuridad.

Entonces, los gatos de papel saltaron sobre los gatos de la noche. Hubo chillidos de terror, un alarido que sacudió la aldea y luego… un silencio absoluto.

Cuando amaneció y salieron de la cripta, el pueblo estaba libre.

Los cuerpos de los gatos de la montaña yacían esparcidos por las calles. La mujer sintió una paz que no había experimentado en años.

—¡Gracias por lo que hiciste! ¡Casémonos! —exclamó, con los ojos llenos de gratitud.

El hombre le prometió que regresaría, pero primero debía volver a la superficie para ver a su familia.

Tras un ascenso de tres días y tres noches, emergió a la luz. Pero algo extraño lo inquietó.

Las casas no eran las mismas. Las caras que lo rodeaban eran desconocidas. La gente lo miraba con desconfianza.

—¿Dónde está mi familia? ¿Dónde está mi aldea?

Nadie le daba respuesta, hasta que una anciana se acercó y, con voz grave, le dijo:

—Oí decir que hace más de trescientos años, un hombre bajó por ese hueco… y nunca más se supo de él.

—No puede ser —exclamó el hombre—. Yo soy quien bajó por ese hueco… ¡pero solo pasé unos días, no trescientos años!

Desesperado, preguntó por su esposa.

La anciana lo condujo al cementerio y le señaló una lápida cubierta de musgo.

Al leer el nombre de su amada, cayó de rodillas, arrancando la hierba con manos temblorosas.

—¡No puede ser! —gritó—. ¡No puede ser!

Entonces, escuchó una voz familiar:

—¡Ay, ay! ¡Me estás jalando el pelo!

Todo había sido un sueño.

Cuento popular japonés

Versión adaptada y traducida por Yokoi Kenji.

Capítulo 12

Yamineko

Simbolismos

(Los gatos de la noche)

¿Quién es el hombre de esta historia?

Para mí, quizás solo para mí, este hombre encarna al solucionador definitivo, aquel que siempre encuentra la salida. Se adentra en los abismos con una seguridad imperturbable, como si la suerte le perteneciera. Pero la suerte, como las estaciones, también cambia. Y cuando su ciclo se agota, el precio que paga no solo es alto, sino irrecuperable.

¿Qué representa el bosque?

Para mí, quizás solo para mí, el bosque es nuestra infancia. Es la inocencia rota por el mundo adulto, la interrupción de la risa por la crudeza de la realidad. Un lugar donde los niños aún juegan, pero donde la sombra de los miedos ya se proyecta.

¿Quiénes son los aldeanos?
Los aldeanos son nuestra historia tejida en generaciones. Son la familia, la cultura, las voces del pasado que resuenan en nuestro presente. Nos guste o no, llevamos su herencia, un lazo que, como la cuerda con la que el hombre desciende, nos conecta con algo más grande que nosotros mismos.

¿Qué es el hueco en el bosque?
Es el abismo de la insatisfacción. Un vacío insaciable donde caen amores, vicios, deseos efímeros y hogares destruidos. Un hambre que nunca se aplaca y que devora sin tregua.

¿Quién es la mujer?
Es el reflejo de aquellos que han sido abandonados en el tiempo. Quienes han perdido el protagonismo de su propia historia, esperando que alguien los rescate. Víctimas perfectas para los charlatanes y las falsas promesas.

¿Qué son los gatos de la montaña?
Son los miedos. Esos que acechan en la oscuridad, que paralizan y nos impiden avanzar.

¿Y los gatos de papel?
Son las soluciones rápidas, las ilusiones pasajeras, la charlatanería que promete salvarnos con palabras vacías. Como en Colombia decimos ante un engaño: "Te pintaron pajaritos en el aire". En esta historia, fueron gatos de papel.

¿Qué representan los tres días que separan las dos aldeas?

Son el umbral entre dos mundos. El tiempo que toma perderse, el precio del autoengaño, el lapso en el que se desmorona una vida. No son solo días, son la lenta digestión de una tragedia. La caída en una adicción, en un error del que ya no hay vuelta atrás.

¿Qué significa la noche en la cripta?

Es el encuentro con lo prohibido, el amor furtivo que se disfraza de destino, pero que, al alba, se revela como traición. Es la huella de una decisión que deja marcas en la oscuridad.

¿Qué representa el viaje en el tiempo del hombre?

El tiempo cobra su precio. Perderse puede tomar solo un instante, pero regresar cuesta años. O a veces, es imposible.

¿Y la mujer gritando cuando su esposo le jala el cabello?

Para mí, y esta vez creo que para todos, simboliza el rechazo universal al engaño. Nadie quiere ser tomado por tonto. Nadie quiere ser manipulado, traicionado, burlado. En el mundo hispano decimos "me tomaron el pelo" cuando nos sentimos estafados.

Pero por fortuna para el hombre...

Todo había sido solo un sueño.

Despierta.

すべてが自分の傷ではない。時には攻撃され、防御しなければならない。すべてが敵ではない。時には自分の傷と向き合い、癒すだけでいい。

“No todo
son mis heridas;
a veces me atacan
y debo defenderme.
No todos me atacan;
a veces son mis heridas
y solo debo sanar”.

Capítulo 13

狂った天才

Kurutta Tensai

El genio loco

(Parte 1)

Mis manos se aferran levemente a la delgada madera de la silla escolar. Mi rodilla tiembla, delatando mi ansiedad.

La laca brilla como un espejo, sin un solo rayón. Las vetas de la madera dibujan siluetas fantasmales, bordeadas por un cuero bien tratado. Más que un mueble, parece una obra de arte.

Pero mi mente no debería estar en eso. Hace solo unos minutos, golpeé a un compañero con la cabeza.

Aun así, mi atención queda atrapada en las partículas de polvo que flotan en la franja de luz que se cuela por la ventana. Danza suspendida, sin música ni motivo.

Pronto, la puerta se desliza.

El maestro Yoshida entra sin apuro. Sabe que estoy ahí, pero su presencia sugiere que está solo en la habitación.

Se sienta frente a mí. Su mano amasa una masilla azul entre los dedos mientras con la otra prepara una hoja en blanco. Su lápiz, impecable. No como los míos, llenos de marcas de dientes.

Una vez me explicó que ese borrador especial ayudaba a reducir el estrés. A mí solo me parece un anciano jugando con un chicle azul.

No es la primera vez que estoy aquí. La única diferencia es que hoy no quiero llorar.

La agresión es un asunto serio, especialmente en la escuela Nakayama, donde soy el único niño extranjero. Algunos creen que eso lo explica todo.

Pero mi problema es otro:

Nunca lloro en un pleito. Mientras más intenso, más me emociona. Pero basta con que un maestro me pregunte con cariño si estoy bien… y mis ojos traicionan todo mi esfuerzo.

Hoy no.

La tarea es la de siempre: escribir mis emociones y traducirlas al japonés.

Pero esta vez me adelanto:

—*Boku, atama okashii desu.* (Creo que estoy loco).

El maestro detiene su mano. Me mira con un brillo distinto.

Por primera vez, siento miedo de mis propias palabras.

No dice nada. Se levanta.

Atraviesa pasillos, jardines, escaleras, puertas corredizas. Camino tras él, sin entender. A nuestro paso, los alumnos hacen una venia.

Finjo que también tengo una misión importante, pero todos saben la verdad.

Estoy en problemas.

Los rumores corren rápido. Todos deben estar hablando de cómo caí en la provocación y golpeé a Hashigo.

No sé en qué momento entramos a la biblioteca. Solo sé que el maestro avanza sin dudar, hasta los estantes más altos, donde reposan los libros grandes y pesados.

Toma uno. Me indica que me siente.

Lo abre en la primera página y me dice:

—Niño Yokoi, soy tu profesor de Arte. Eres uno de los mejores de la clase. Hace unos minutos mencionaste que podrías estar loco, y eso me hizo recordar a este artista.

—¿Tengo que leerlo?

—Solo míralo. Una hora. Mañana continuamos nuestra conversación.

El alivio es inmediato.

No tendré que escribir. No tendré que hablar. No tendré que llorar.

—Sí, maestro —respondo, imitando la disciplina de mis compañeros japoneses.

Pero mi voz ya no importa.

Desde la mitad de la primera página, un hombre con bigote me observa. Su mirada es una mezcla de burla, severidad y locura.

Abro el libro. Me sumerjo en sus imágenes.

El tiempo se desvanece.

Hoy, con los años transcurridos, sé que nunca volví a ser el mismo después de lo que vi.

Capítulo 14

狂った天才
Kurutta Tensai

El genio loco
(Parte 2)

No hay palabras, y no es culpa del idioma; ni siquiera en español logran salir. Las frases se desvanecen antes de tomar forma en mi mente, prófugas y esquivas.

Solo muchos años después, puedo al fin nombrar lo que mis ojos contemplaron en aquella biblioteca durante casi una hora.

Eran patas absurdamente largas y raquíticas, huesos extendidos hasta lo grotesco, llevados al límite de lo imposible. Ni la exageración más desmedida alcanzaría a describir aquellos elefantes con sus extremidades insólitas.

Jirafas envueltas en llamas, que, a pesar del fuego que las devoraba, permanecían inmóviles, como si el ardor no bastara para hacerlas huir. Muslos femeninos, perfectamente delineados, de los que emergían gavetas de armario como secretos ocultos en la carne.

No eran personas sin ojos; eran ojos desprovistos de personas. Orejas descomunales con una nariz solitaria por rostro, o quizás arrastrándola como una carga imposible. No lo sé con certeza, pero lo curioso es que al creador de estas figuras no parece importarle la lógica ni el sentido común. He visto seres deformes a lo largo de mi vida, pero esto era algo distinto: deformidades envueltas en piel, heridas que no sangraban y sangre que brotaba sin ninguna herida visible.

Y, sin embargo, había siempre algo sagrado, casi religioso, en este arte surrealista, atravesando las fronteras de lo profano, lo prohibido, lo alucinante, llevándonos más allá de lo imaginable.

Había excremento por todos lados y mucho pan; sí, montones de pan, y huevos podridos que estallaban en el lienzo.

Me sentía cómplice de algo indecible solo por dejar que mis ojos se posaran en las páginas de ese libro, donde los bellos senos de una mujer —Gala, su esposa, descubrí años más tarde— se repetían, agregando erotismo a sus pinturas. Había sangre y muletas de madera, de hueso o de piel, que sostenían todo lo que caía, lo que se derretía, como esos relojes que se deslizaban con una tristeza deprimida, una melancolía abrumadora.

Hasta ese momento, nada había logrado capturar tan perfectamente mis propias depresiones —esas que me emboscaban en los veranos infernales y solitarios de Japón— como aquellos relojes derretidos, colgando de ramas desoladas bajo un sol implacable.

Y, sin embargo, todo estaba pintado y retratado en tonos claros; toda esa profanación, toda esa locura estrafalaria, ocurría a plena luz del día, bajo la transparencia de un cielo diáfano, con las ventanas abiertas de par en par, como para que nadie dudara de lo que acababa de contemplar, aunque faltaran palabras para explicarlo.

Solo una imagen de una muchacha de espaldas, contemplando el mundo a través de una ventana, le daba un descanso pacífico a tanta locura. Era como agua fresca en medio de un desierto infernal de sacrilegios. Dicen que es Ana María, la hermana de Salvador Dalí, sí, el pintor español del bello pueblo de Figueras, en España.

Cuando lo llaman genio, Dalí, furioso, asegura estar loco; cuando lo acusan de loco, con malicia se proclama un genio incapaz de pintar. Lo deleita, al igual que a sus extravagantes bigotes, llevar la contraria, vivir en la paradoja, saberse único. Porque Salvador Dalí es único precisamente por su insurrección constante, por su feroz negativa a dejarse aprisionar por el molde de una sola etiqueta.

Sintiendo una mezcla de fascinación y repugnancia sagrada, me acerqué a esas obras después de confesarle al maestro que tal vez mis arrebatos violentos no eran más que los síntomas de una locura latente. Ahora, frente a estas creaciones de alguien verdaderamente excéntrico, distinto, desmesurado —un loco consumado a los ojos de muchos—, me asombra descubrir que este ser, con toda su extravagancia, logró una aceptación inesperada, casi milagrosa.

Debo detenerme un instante para aplaudir y agradecer al maestro Yoshida, porque, si ese era su propósito, consiguió con creces que yo sintiera, frente a aquellas obras, una paz tan inesperada como profunda.

Sabía que jamás pintaría como Dalí, aunque el lienzo siempre me ha atraído con fuerza, pero en ese instante lo que realmente necesitaba, era la aceptación que él había conquistado en el mundo, hasta el punto de estar presente en los libros de una biblioteca escolar en Japón; una aceptación que, de algún modo, sugería primero haberse aceptado a sí mismo.

O, como él mismo habría dicho, mi cerebro decidió sobrevivir, y lo logró.

Una esperanza que, sin previo aviso, se formuló en japonés como una pregunta en mi mente: いいのか? ¿Se puede?

¿Es posible ser tan loco… y aun así sobrevivir en esta sociedad?

De inmediato, como un destello que persiste hasta hoy en mi memoria, se abre una pequeña ventana en medio de la página de aquel libro gigantesco. Y, de repente, la cabeza de Dalí se asoma con su aire extravagante, me observa con sus enormes ojos desorbitados y esos inconfundibles bigotes alzados hacia el cielo. No habla en castellano ni en catalán, lo hace en japonés, con esa voz llena de picardía, y declara: いいんだよ横井くん!

¡Se puede, niño Yokoi!

朝のうんこは健康 *Asa No Unko*
Popó matutino

De niño, Dalí salía al amanecer con expresión de triunfo.

—¡Ya está! ¡Ya está! —gritaba mientras las nanas buscaban su "tesoro matutino", escondido en los rincones más insospechados.

¿Loco o genio? Su extravagancia, tan fascinante como incomprendida, convirtió su vida en un espectáculo. Dalí deleitaba al mundo con su arte, pero también con su insurrección constante.

A los cuarenta y tres años visité Figueras por primera vez. Llegué sin planearlo, por un comentario casual de mi cuñada.

—Kenji, tienes que venir. Aquí hay un pintor famoso, y hasta los japoneses hacen fila para entrar a su casa.

Así, sin saberlo, terminé en la cuna de Salvador Dalí. Recorrí sus calles, hablé con vecinos, nadé en su mar, intenté pintar. Quería conocerlo antes de sus bigotes, antes de su leyenda.

Descubrí a un niño larguirucho, tan flaco como las patas de sus elefantes, tan pálido como sus relojes derretidos. Un niño atrapado en la sombra de su hermano muerto, obligado a ser excéntrico para probar que estaba vivo.

Lecciones de Dalí para mi vida:

- Evacuar lo malo. Como decía mi maestro japonés: "El popó de la mañana es salud". Expresar, no reprimir. Soltar lo que duele.

- Locura hecha arte. A veces, la genialidad no es más que un mecanismo de supervivencia. Cada mente encuentra su escape.
- Negocio y arte pueden convivir. Gala no esperó la fama póstuma; convirtió la locura de Dalí en una industria multimillonaria.
- La infancia deja huellas. Su hermano muerto lo persiguió siempre. Para desmarcarse, Dalí tuvo que inventarse a sí mismo.

No necesitamos una crisis matrimonial, una pandemia o un despido para ver elefantes flotando en el aire.

La salud mental, como el cuerpo, necesita evacuarse. Solo los muertos no sienten ganas de soltar lo que les pesa.

Dalí encontró un equilibrio entre el delirio y la cordura. No todos lo logran.

Pero si él pudo, tal vez nosotros también.

Capítulo 15

苦しみ
Kurushimi

El sufrimiento

En una granja laboratorio encontraron el cuerpo de un pollito que, separado de su madre y hermanos, cayó accidentalmente en un albergue del granero.

Un etólogo, intrigado por el caso, dedujo que alguna máquina lo había desviado de su camino hasta hacerlo aterrizar sobre una montaña de maíz. Sin embargo, al examinarlo, descubrió algo inquietante: no había comido ni un solo grano y, aun así, no murió de hambre, sino de estrés.

Su cuerpo colapsó por la angustia de estar solo en un entorno desconocido, sin el calor materno ni la compañía de sus hermanos.

Los etólogos han observado un fenómeno opuesto en pollitos criados en incubadoras: si caen en una montaña de maíz, comen sin control hasta morir.

Tsurumi, Japón

Durante mis prácticas como traductor en la colonia latina del barrio de Tsurumi, conocí a un joven brasileño que había crecido en orfanatos, sin conocer a sus padres ni comprender su abandono. Su vida estaba marcada por la ausencia, pero lo que más me impactó no fue su historia, sino su entereza. A pesar de su pasado, irradiaba estabilidad emocional, una capacidad de perdón inquebrantable y una paz difícil de explicar. Si a nadie contara su historia, cualquiera pensaría que había crecido rodeado del amor de sus padres.

Yo, en cambio, que crecí rodeado de familia —padres, abuelos, tíos, tías y cientos de primos—, arrastraba heridas que aún dolían y crisis existenciales sin tregua.

¿Cómo podía alguien que lo tuvo todo en contra ser tan fuerte, mientras yo, con todo a favor, me sentía tan frágil?

Relación animal

Estudios en avicultura han demostrado que los pollitos separados de su madre sufren altos niveles de ansiedad, comprometiendo su desarrollo. Konrad Lorenz, pionero de la etología, evidenció que el vínculo materno es esencial para la orientación y el comportamiento instintivo. Sin esta referencia, los animales pueden desarrollar respuestas desreguladas, como el miedo extremo o la incapacidad de medir su ingesta de alimento.

Esta historia, documentada en granjas y laboratorios, muestra que no es la comida lo que determina la vida o la muerte, sino la relación del ser vivo con su entorno.

Apego

Pasaron años antes de que comprendiera algo esencial:

"Si la herida del recuerdo no tiene nombre, imagen ni apellido, es mucho más fácil de tratar".

Cuando los padres nunca han estado presentes, el abandono no tiene un rostro con el cual confrontarse ni un recuerdo que lo mantenga vivo.

La psicología del apego es clara: el mayor trauma infantil no es la ausencia, sino la imprevisibilidad. Crecer con cuidadores que un día protegen y al siguiente hieren, que aman con una mano y castigan con la otra, fractura la percepción del mundo y de sí mismo.

Ese joven brasileño no tenía un referente al cual culpar ni recuerdos que le recordaran lo que perdió. Yo, en cambio, había crecido con figuras familiares presentes, pero con heridas que no terminaban de cerrarse, porque el dolor, cuando tiene un rostro, se vuelve persistente.

Cuando no hay padres, no hay heridas... pero ¿es eso realmente una ventaja? Tal vez crecer con padres y heridas que sanar sea, en el fondo, una forma más saludable de existir.

Nos guste o no, de alguna forma inevitable e inconsciente herimos a nuestros hijos. Ser hijo implica sanar esas heridas, y uno de los mayores logros de la madurez es herir menos a los propios. Quizás esa sea la expresión más auténtica de la evolución y el verdadero progreso.

No sé qué desafíos tuvo aquel joven brasileño que conocí en Tsurumi, pero he aprendido a sentir una enorme gratitud por la existencia de mis heridas heredadas. Ya entendí que no se muere ni por la soledad en medio del maíz, ni por comerlo sin medida.

"Somos la suma de lo que recibimos y de lo que decidimos no repetir. La historia de una familia no se mide en lo que hereda, sino en lo que logra dejar atrás".

Capítulo 16

Goei

El trapero

Un dios para los pobres.

Goei, trapero de oficio, vivía en una choza miserable a las afueras de Osaka, tan precaria que bastaba un soplo de viento para hacerla tambalear.

El invierno se colaba sin piedad por las grietas de las ventanas, golpeando las pálidas paredes manchadas de humedad. Entre trapos raídos como sueños rotos, Goei había pasado la mayor parte de su vida.

Había fracasado en todo cuanto había intentado. Quizá porque era demasiado lento, porque sus huesos temblaban al menor ruido, o porque, como muchos decían, era demasiado ingenuo para sobrevivir en un mundo de engaños.

Nunca encontró a una mujer dispuesta a compartir su desgracia. ¿Quién querría a un pobre diablo con una suerte tan raída como los trapos que intentaba vender?

El año llegaba a su fin. Afuera, el viento glacial ululaba por las rendijas, y la nieve amenazaba con cubrirlo todo. No esperaba un festín para Año Nuevo, pero al menos habría querido encender un fuego que le calentara las manos y le ayudara a sobrellevar el hambre.

Una idea le cruzó la mente como un relámpago: arrancaría un par de tablas del suelo para quemarlas.

La promesa de un poco de calor le infundió ánimo. Se arrodilló y comenzó a desprender la primera tabla, que cedió con facilidad. Pero cuando se disponía a arrancar la segunda, se quedó paralizado.

De la oscuridad del suelo emergió lentamente una cabeza de cabellos grises. Goei frotó sus ojos, incrédulo.

Un diminuto viejecito, apenas a la altura de su cintura, se alzó desde su escondite. Su barba blanca enmarcaba un rostro terroso, curtido por los años. Vestía harapos grises y sandalias de rafia tan gastadas que apenas se sostenían de sus dedos flacos. Sobre su hombro colgaba un saco raído que parecía contener solo aire.

Goei lo miró boquiabierto, incapaz de emitir palabra.

El anciano, con voz tranquila, como quien cuenta un viejo secreto, le dijo:

—Es extraño que no me reconozcas. He vivido bajo tu suelo por mucho tiempo, compartiendo tu desgracia.

Goei tragó saliva.

—Soy el dios de los pobres —continuó el anciano—. Y debo decirte que me he sentido cómodo en tu casa. Pero tu miseria es demasiado grande, incluso para mí. Más aún ahora que has comenzado a destruir nuestro refugio. Así que he decidido mudarme. Voy a empezar un nuevo año en otro lugar.

Goei apenas pudo balbucear.

—No me guardes rencor por abandonarte —dijo el dios—. Pero antes de irme, brindemos por la despedida.

El trapero agachó la cabeza, avergonzado.

—Perdonadme, dios mío, pero no tengo ni una gota de sake para brindar con vos… ni nada que ofreceros.

Y, de tristeza, se echó a llorar.

El viejo dios frunció el ceño y rebuscó en su zurrón.

—Nunca imaginé que fueras tan pobre —murmuró—. Ni siquiera una gota de vino para Año Nuevo…

Extrajo de su saco una cuerda con unas monedas de bronce.

—Toma. Ve a la ciudad y compra sake, arroz y un poco de carbón.

Goei corrió al mercado y, como el dinero alcanzaba, compró también algo de pescado. Regresó con la bolsa llena y, por primera vez en mucho tiempo, tuvo una cena digna. Comieron, bebieron y rieron. La choza, por unas horas, se sintió cálida.

Cuando la última gota de sake desapareció en la garganta del dios, este lo miró fijamente.

—En el fondo, tienes buen corazón —dijo—. Y como pareces no llevarte muy bien con la pobreza, te daré una oportunidad para que encuentres días más prósperos.

Goei se enderezó en su asiento.

—Escucha bien, porque solo lo diré una vez —prosiguió el dios—. A medianoche, ponte frente al templo de los Cuatro Reyes del Cielo. Cuando suene la primera campanada del Año Nuevo, verás tres jinetes pasar a toda velocidad.

El primero irá de amarillo, el segundo de blanco y el tercero de negro. Son los dioses del dinero. Debes sujetar las riendas de uno de ellos y no soltarlas por nada del mundo. Si el primero se escapa, prueba con el segundo o el tercero. Lo demás lo entenderás cuando ocurra.

Goei apenas tuvo tiempo de asentir antes de que el dios desapareciera como una ráfaga de viento.

Medianoche.

Nevaba cuando Goei llegó al templo. Se frotaba las manos, temblando de frío y emoción.

Cuando la primera campanada resonó en la noche, oyó cascos acercándose. De entre las sombras emergieron los tres jinetes.

El primero montaba un caballo amarillo, con armadura y espada dorada. El segundo, un caballo blanco, su atuendo resplandecía como la luna. El tercero, sobre un corcel negro, vestía de sombras

El corazón de Goei latía con furia. Se lanzó hacia el primer jinete… pero el caballo saltó por encima de él y desapareció.

Respiró hondo y extendió las manos al segundo. Pero el corcel resopló y relinchó con tal furia que Goei, muerto de miedo, lo dejó escapar.

Solo quedaba el jinete negro.

Esta vez, Goei no dudó. Se aferró a las riendas con todas sus fuerzas, aunque el caballo lo arrastró como un muñeco de trapo. Cuando abrió los ojos, ya no tenía las riendas… sino una bolsa llena de céntimos de bronce.

El sonido de otro caballo lo hizo alzar la vista.

Era un cuarto jinete.

Un caballo gris.

Y sobre él, el dios de los pobres.

El anciano le dedicó una última mirada y, con un gesto sutil, casi de orgullo, siguió su camino junto a los tres dioses del dinero.

Goei regresó a su hogar. La bolsa nunca dejó de generar monedas de bronce. No se volvió rico, pero nunca más conoció la miseria.

Con el tiempo, transformó su choza en una casa digna. Encontró una esposa y juntos criaron una familia. Y sus hijos, dicen, hicieron aún mejor las cosas que su padre, Goei, el trapero.

Relato tradicional japonés,
traducido y narrado por Yokoi Kenji.

完璧を求めるあまり、本当に大切なものから遠ざかる。間違いを恐れすぎて、自らのルールに囚われてしまう。

"A veces, en nuestro
afán de ser perfectos,
nos alejamos de lo que realmente
importa:
las mismas cosas
creadas por Dios.
Le tememos tanto a equivocarnos
que nos volvemos
prisioneros de
nuestras propias reglas".

Capítulo 17

踊れ

Odore!

¡Baila!

Tumores, baile y humo, mucho humo…

En una aldea de Yamato, como se conocía al antiguo Japón, un viejo leñador vivía con un enorme tumor colgando de su mejilla izquierda.

La bola de carne se había instalado allí como una maldición, un bulto que parecía recordarle cada mañana lo que la vida misma era: una rara combinación de esperanza y fatiga.

Como cada día, el anciano tomó su hacha y partió hacia la montaña, donde los árboles lo aguardaban en medio de la aparente quietud de la naturaleza.

Su rutina de leñador era casi un rito: el crujir de la madera, el viento susurrando recuerdos, el vapor elevándose desde su piel acalorada; arriba, un par de aves trazaban círculos perezosos. Y siempre lo acompañaba ese enorme tumor, que temblaba con cada impacto de su hacha.

Pero aquel día, una tormenta tan furiosa como inesperada rompió el equilibrio de su mundo. Rayos y truenos rasgaron el cielo mientras una catarata de lluvia infinita caía con violencia.

Obligado a buscar refugio, se escondió en el interior de un gigantesco árbol, en una zanja inclinada llena de restos de nidos de aves, justo del tamaño de su cansada espalda.

Allí, sin que una sola gota de agua lo alcanzara, el anciano incluso pensó que sería un buen lugar para morir.

El murmullo de la lluvia que sacudía la montaña lo arrulló, haciéndolo caer en un profundo sueño.

No fue el silencio después de la tormenta lo que lo despertó de repente, sino el bullicio; sí, el extraño bullicio de una algarabía que venía de afuera.

Asomó la cabeza y vio a un grupo de ogros que danzaban bajo la luna llena, alrededor de una fogata.

Aunque solo había escuchado de ellos en los cuentos, ahora los tenía frente a él, celebrando el fin de la tormenta con cánticos y risas salvajes.

El leñador, movido por esa alegría inexplicable que siempre le producía la música, salió de su refugio bailando al son de la melodía, uniéndose a la fiesta de aquellas míticas criaturas.

Sin siquiera mirarlas, cantó y bailó como si fueran viejos amigos, embriagado por la felicidad.

Los ogros, fascinados por su agilidad y despreocupación, lo rodearon en una especie de ritual de gratitud.

Tanto les gustó el nuevo y viejo bailarín que tuvieron la grandiosa idea de quitarle el tumor de su mejilla.

—Aquí te lo dejamos. Si lo quieres de vuelta, debes regresar mañana para bailar otra vez y solo entonces te lo devolveremos.

Como si se tratara de una joya robada que el leñador no merecía poseer, los ogros lo liberaron de su carga.

Este regresó a su hogar, donde su esposa, al verlo tan rejuvenecido, quedó estupefacta.

La historia del leñador y los ogros no tardó en recorrer la aldea, como el humo recorre una casa.

Aunque muchos dudaban de la veracidad del relato, al ver su rostro se preguntaban: ¿Cómo un viejo había logrado lo que parecía imposible?

Fue entonces cuando otro anciano de la misma aldea, con un tumor idéntico, pero en la mejilla derecha, decidió seguir el mismo camino.

Se adentró en la montaña, intentando cumplir paso a paso lo que había escuchado de su vecino. Esperó en el árbol a que la noche trajera la magia de los ogros bailarines.

Cuando la fiesta de los ogros comenzó, el viejo salió de su escondite bailando enérgicamente.

Sin embargo, sus movimientos eran una sombra de lo que él mismo esperaba, pues hacía mucho que no bailaba y los años y el reumatismo habían hecho lo suyo.

Los ogros intentaron reír y complacerse con el nuevo anciano.

—¡Baila, baila! —le gritaban.

Pero cuanto más lo intentaba, peor lo hacía, y el mal humor fue apoderándose inevitablemente del ambiente.

Poco a poco, el bullicio se fue apagando hasta que, al final, uno de los ogros, enfurecido por su ineptitud, le pegó el tumor que le habían quitado al primer anciano, diciendo:

—Toma, te obsequiamos esto, ¡pero deja ya de bailar!

Y fue así como el segundo anciano regresó de la montaña con dos tumores en vez de uno, mientras las aves del bosque cantaban:

"Humo, humo, lo que es gracia para unos, para otros es castigo. Humo, humo, no hay secreto ni camino; baila así con tu destino".

Por alguna razón, esta antigua historia de la mitología japonesa me recuerda un texto también muy antiguo:

"Al que tiene, le será dado; y al que no tiene, aun lo poco que tiene le será quitado".

Tal vez porque, en esta vida, la alegría no es solo un regalo, sino un fuego que debe cuidarse. Quien sabe protegerla la ve multiplicarse. Quien la pierde solo encuentra sombras.

Cuento popular japonés,
contado por Yokoi Kenji D.

Capítulo 18

お腹空いた

Akuma

¡El diablo es mío!

Érase una vez un leñador.

Un hombre flaco, terco, callado y viudo.

Parecía mucho más viejo de lo que realmente era y con más hijos de los que se puede contar en un cuento.

Cargaba a cuestas el constante temor de la pobreza, esas punzadas amargas en el pecho al imaginar a sus hijos morir de frío y hambre en el largo invierno.

Se trasnochaba planeando soluciones que, ante la fría desesperanza, se desbarataban como telarañas en la mañana.

Pero aquella era una mañana de presagio, algo bueno sentía que pasaría, así que les prometió a sus hijos que no regresaría sin comida.

Fue entonces cuando, decidido como nunca, tomó su hacha para adentrarse en el blanco bosque.

Cualquier animal sería, pero comerían.

Caminó sin rumbo, buscando desesperado y finalmente se dejó caer exhausto junto a un arroyo.

Desde el suelo, mientras contemplaba el humo exhalado de su boca, vio lo que parecía una débil luz entre el follaje de unos árboles.

Tomó aliento, se puso de pie y comenzó a caminar por el bosque. Aunque creía conocerlo tan bien como sus propios pasos, avanzaba asombrado, hasta llegar a una pequeña casita con un tejado morado, rodeada de un jardín que florecía a pesar del invierno.

Todo era hermoso y silencioso, como si el tiempo se hubiera detenido. La puerta, entreabierta, parecía una invitación… o tal vez una trampa.

Entró sigilosamente y se topó con una casa sola y una enorme mesa rebosante de comida, había vino del bueno y gran variedad de frutas frescas.

Después de guardar silencio, inmóvil durante varios minutos, se lanzó a comer desesperadamente y solo se detuvo para respirar hasta sentir fuerzas de nuevo.

Pero justo al encender su pipa, mientras pensaba emocionado en el regreso a casa con manjares para sus hijos, todo desapareció de la mesa y, en su lugar, un gato negro se plantó sobre ella.

Antes de poder reaccionar oyó un chillido, y la espantosa forma de una horrible vieja apareció frente a él. Una bruja con nariz de hierro, tan larga que se enterraba en el suelo, una criatura de aspecto desagradable, algo que jamás había visto.

Con cada movimiento, su nariz se arrastraba produciendo un terrible eco en el silencio de la casa.

— Soy la madre del rey de los diablos. ¿Cómo te atreves a entrar a mi hogar? Mi hijo pronto vendrá a llevarte al infierno.

El leñador, que había enfrentado el hambre y la miseria, cayó de rodillas sintiendo terror, uno que jamás había sentido.

Tan pronto pudo hablar, suplicó y rogó por su vida, pero la bruja solo lo miraba de manera indolente.

—Si me mata, ¿qué será de mis hijos? No tienen madre que los cuide, solo me tienen a mí, morirán de hambre y de frío.

Al escuchar que era un padre viudo y con muchos hijos, la bruja pasó de mirarlo con rabia a meditar un instante.

Y entonces le propuso un pacto: lo dejaría vivir si se casaba con ella. Sería una madre para sus hijos, les ofrecería comida en abundancia y una buena casa como abrigo.

El hombre pidió prender su pipa para contemplarlo y, enfrentando el absurdo escenario, miró a la horrorosa bruja pensando en sus hijos ...y aceptó.

Así, salieron juntos de allí cargando dos sacos: uno lleno de manjares, otro lleno de oro y piedras preciosas, para adentrarse en el inmenso bosque.

Caminaron horas hasta que oscureció y decidieron parar a comer y beber un poco mientras descansaban frente a una fogata improvisada.

La vieja bruja reía emocionada y le guiñaba un ojo mientras bebía entre bocado y bocado, pero, tras un largo rato, se quedó dormida.

El leñador esperó apretando sus dientes hasta asegurarse de que nada la despertaría.

Entonces, cogió el hacha y de un solo golpe, cortó aquella nariz de hierro de donde nacía toda su fuerza.

La vieja cayó al suelo, inmóvil, pero antes de expirar, lanzó un último grito, un chillido tan agudo que se extendió por el bosque, y el leñador echó a correr con los sacos llenos de oro y de comida.

Cada paso hacia su casa era un enorme desafío, pero el recuerdo de sus hijos con hambre lo impulsó como nunca.

Sin embargo, el rey de los diablos escuchó el grito de su madre y llegó al instante al lugar. Al ver lo acontecido, lleno de ira comenzó a perseguir al leñador, acechándolo como una sombra en el bosque.

El leñador corría, logró ver su casa entre los árboles. El diablo daba largas zancadas acercándose cada vez más para vengar la muerte de su madre.

El menor de sus hijos lo vio pasar por la ventana y corrió a abrir la puerta mientras feliz gritaba:

—¡Llegó papá!

Pero justo cuando el hombre cruzaba la puerta, el diablo lo alcanzó susurrándole al oído que moriría. Aferrándose a su espalda como una enorme araña, el diablo le prometió una dolorosa muerte.

Fue entonces cuando aparecieron sus hijos, muertos de hambre, y al ver a ese diablo en la espalda de papá, comenzaron a pedirlo cada uno para sí.

—¡El diablo es mío! —gritaba uno.

—No, es mío, ¡yo lo comeré! —gritaba el otro.

Pero todos callaron ante la voz del mayor de ellos, que tronó con autoridad diciendo:

—Ese diablo es mío, ¡yo lo comeré!

Confundido y sintiendo tantas bocas desesperadamente hambrientas mordiendo todas las partes de su cuerpo, el diablo huyó espantado del lugar para no volver jamás.

Pero al ver el saco de comida, los niños se calmaron, comieron hasta saciarse y con el otro saco lleno de oro vivieron tranquilos por muchos inviernos, hasta que crecieron y fueron fuertes como su padre.

Cuento popular japonés,
versión Yokoi Kenji D.

Quien crea que existen personas bonitas o feas es porque nunca ha visto el verdadero rostro del hambre.

Quien piense que las brujas o el diablo son aterradores es porque jamás ha enfrentado la terrible mirada del hambre.

No hay miedo más grande para un padre que la impotencia de no poder proteger a sus hijos de ese vacío devastador.

Tenía dieciséis años cuando hice mi primer viaje de incursión social a Brasil. Visité varias favelas de Río de Janeiro y otros lugares remotos, enseñando japonés a los niños mientras intentaba comprender la pobreza, la violencia y, paradójicamente, la alegría que florecía en medio de ese entorno adverso.

No entendía en aquel momento que yo también era solo un niño, enfrentándome a misiones propias de adultos. Sin embargo, esas experiencias me dejaron lecciones que han marcado mi vida. Una de ellas la encontré en el eco de una canción de Gabriel o Pensador, que resonaba por todos lados:

Cara feia pra mim é fome,
e cara alegre é a cara de quem come
("Para mí una cara fea es la del hambre,
y una cara feliz es la del que come").

Capítulo 19

犬
Inu

Perro

Mi padre, ingeniero japonés de telecomunicaciones, supervisando enormes antenas satelitales en el pueblo de Chocontá, a las afueras de la capital colombiana, me dio la impresión de que parecía más bien alguien del petróleo, porque ese día —el único en que me permitió acompañarlo a su lugar de trabajo— caminaba mirando la tierra y ordenando con urgencia hacer huecos en ella.

—¡Aquí, pero, pero! —decía mi padre, señalando un lugar en el prado.

Yokoi Toru, oriundo de un pueblito hacia las montañas de Niigata, era un trabajador de la multinacional japonesa NEC y tenía los mismos problemas que la mayoría de sus connacionales para pronunciar la erre de "ratón", de "cigarra" y, en este caso, de "perro".

Solo entendimos lo que quería decir cuando nos hizo guardar silencio, y entonces escuchamos todos el ladrido de un perro que venía desde el fondo de la tierra.

—¡Aquí, perro, perro!

Mientras varios hombres cavaban un profundo orificio, seguía sin entender cómo un perro enterrado podía ladrar.

Un par de horas después, finalmente sacaron al perrito, cubierto de suciedad.

—Seguro se metió persiguiendo a un animal por el canal del desagüe —dijo un trabajador.

Luego, tuvieron que reparar el tubo donde se había quedado atorado.

Menos mal los perros ladran igual en japonés, porque ni la disciplinada cultura de trabajo ni el silencio mordaz que hasta hoy lo caracteriza evitaron que ese día mi padre detuviera su labor para salvar a aquel perro que oyó ladrar bajo el prado.

En japonés, las onomatopeyas que representan los sonidos de los animales son diferentes a las nuestras en español. Quiero decir, para ellos el gato no hace "miau", sino "nya"; el gallo no hace "kikirikí", sino "kokekokko"; el perro no hace "guau", sino "wan"; y en el caso del tigre, su rugido es "gaō".

Es como si cada cultura jugara su propio juego de sonidos de animales.

Fue el aclamado escritor Franz Kafka quien dijo que "todas las respuestas estaban en el perro".

Y es que, a primera vista, mi padre y su cultura podrían interpretarse como fríos debido a su escasa sonrisa, como un ser poco sociable por su parquedad al hablar y excesivamente estricto por esa implacable disciplina.

Y aunque eso sea verdad en cierto grado, no fue lo suficiente como para no escuchar el llamado de aquel perro bajo la tierra.

Sonríe alegremente el malévolo Joker, mientras perpetra crímenes en Ciudad Gótica. Y tiene el ceño fruncido el Caballero de la Noche mientras arriesga su vida por salvarla.

Durante años, me confundía el hecho de que mi padre fuese tan duro conmigo, tan silencioso y un crítico mordaz, pero, al mismo tiempo, siempre dispuesto a detenerlo todo para sacarme de cualquier lío en el que me metiera.

Era como si me dijese: "Kenji, puedo morir por ti, pero no me pidas que te sonría. No seas exagerado".

Hoy, a mis cuarenta y cinco años, mi padre sonríe mucho, es más hablador e incluso nos abrazamos al despedirnos. La última vez que hablamos, le recordé el episodio del perro, y aunque se acordaba, prefirió hablar de las antenas, restándole importancia al asunto.

Para mí, en cambio, como he tenido que enterrar algunos perros que han muerto, eso de desenterrar un perro vivo es algo fascinante en mis recuerdos.

A este punto, no creo que Kafka haya exagerado, pues cuando pienso en mi padre o en los japoneses, ya no me dejo sugestionar por su aparente frialdad.

Recuerdo entonces que no todo el que nos muestra los dientes está sonriendo y que la bondad se lleva especialmente por dentro.

"Todo el conocimiento,
la totalidad de preguntas y respuestas
se encuentran en el perro".

Franz Kafka

Capítulo 20

忍者
Ninja

Ninja

Un avión rasga el cielo gris de Bogotá. Desde una piedra en el barrio San Francisco, una niña lo sigue con la mirada, imaginando que está a bordo, rumbo a Japón, China o la India.

Esa niña era mi madre.

Me contó la historia tantas veces que la veo con los ojos cerrados: ahí, en su infancia, soñando con volar.

—Cuando escuchaba un avión, me detenía a verlo hasta que desaparecía. Me imaginaba volviendo con regalos para toda la familia.

Conoció a mi padre y viajó a Japón, donde vio a un famoso cantante y actor japonés llamado Kenji Sawada. De ahí surgió mi nombre.

Nací el 13 de octubre de 1979, y para la mayoría de mi entorno era la primera vez que veían a un niño latino con rasgos japoneses.

Crecí acostumbrado a miradas y preguntas.

—¿Es chinito?

—No, es japonés —aclaraba mi madre con su sonrisa inquebrantable.

Si algo heredé de ella, fue la paciencia para responder lo mismo una y otra vez.

Pero de niño no era así. Mi ceño fruncido y mi corte estilo hongo me daban un aire serio, aunque lo toleraba porque en la televisión pasaban *El pequeño karateca*. Si él tenía mi corte de cabello y derrotaba villanos con patadas voladoras, debía haber algo bueno en ello.

Hasta que un día, dejó de ser gracioso.

En el barrio, los niños querían saber si era un ninja de verdad.

Un grupo se presentó ante mí con expectativa. Habían elegido a un oponente.

—Queremos ver cómo peleas.

Las películas habían alimentado su imaginación. Ellos esperaban algo extraordinario.

Yo también.

Por un instante, incluso creí que el espíritu de Bruce Lee tomaría mi cuerpo y me haría invencible.

Pero no pasó nada.

Lo único que sentí fue miedo.

No el miedo paralizante, sino el que te empuja a moverte, a sobrevivir.

Así que hablé.

—El karate no es un juego —dije, intentando sonar sabio—. Es defensa personal.

No sé si mi tono grave o mi expresión de niño viejo los convenció, pero en lugar de golpearme, pidieron aprender.

Y así, con más miedo que conocimientos, improvisé una escuela de karate en un potrero.

Cada clase terminaba con mis discípulos juntando un puño con la palma de la otra mano e inclinándose ante mí. No volé, pero me salvaron las palabras.

El miedo nunca desaparece.

Mi madre, la misma que soñaba con surcar los cielos, aún se aferra al asiento en cada despegue, como si el avión fuera a partirse en dos. Y, sin embargo, nunca ha dejado de viajar.

Yo también he aprendido a vivir con el miedo.

—¿Cuál es su rutina antes de salir al escenario, Yokoi? Queremos filmarla.

—Tendrían que entrar conmigo al baño. No creo que quieran grabar lo que pasa ahí.

Siempre ha sido así. Cada vez que estoy a punto de hablar ante miles de personas, el miedo me abraza.

Pero ya no lucho contra él. Solo lo dejo ahí, recordándome que algo importante está por suceder.

Escribir este libro me asusta. Pero sé, por experiencia, que es precisamente por eso que debo hacerlo.

No debo perder la empatía de mi madre.

No debo perder el miedo.

Como dijo Red Smith:

"Escribir es fácil. Solo tienes que abrir una vena y sangrar".

Capítulo 21

生きろ

Ikiro!

¡Vive!

De pie, frente al jardín de su casa, dejo que la lluvia empape mi rostro, borrando las lágrimas. Los conejos se ocultan en sus casitas de madera, como si entendieran.

Imagino a sus padres en algún rincón, atrapados en el dolor. La casa, antes majestuosa, es ahora un espectro de sí misma, y pronto será demolida en un intento inútil de borrar lo imborrable.

La culpa me oprime. Tal vez por las veces que me detuve aquí, observando sus conejos con envidia. Esa envidia que ahora me avergüenza.

Shōichi tenía una vida que, para muchos —y sobre todo para mí— rozaba la perfección. Mientras yo regresaba de la escuela a un diminuto apartamento de dos habitaciones en Yokohama, él vivía en una casa blanca e imponente, de estilo occidental, un contraste con los tejados ornamentales y los tonos discretos del barrio japonés.

El césped brillaba en un verde imposible. Los conejos blancos saltaban ajenos a todo. Sus cuerpos, más suaves que el algodón, no lo sabían. No necesitaban saberlo.

Esa absurda perfección me irritaba. Me detenía siempre en el mismo lugar, con el deseo insensato de saltar la cerca, atrapar un conejo y esconderlo bajo mis cobijas, como si, en ese acto, pudiera robarle también un poco de su fortuna.

Pero hoy, el jardín luce marchito. Aplastado, sin brillo. Como si también entendiera lo que ha sucedido.

Shōichi se arrojó a los rieles del tren hace dos días, en una intersección cercana a la estación de Nakayama. Tenía dieciséis años. Yo, quince.

Era mi *senpai*. Así se dice "superior" en japonés.

No respetaba las jerarquías del sistema escolar, y eso me metía en problemas. Pero si alguien merecía ese título, era él. En la cancha se movía con la ligereza de otro mundo, justo cuando Slam Dunk estaba en su apogeo. Eso le dio un club de fans en la escuela.

Era carismático. Apuesto.

Yo, en cambio, apenas podía sostener mi reflejo en el espejo sin hacer una mueca.

El anuncio llegó por los televisores del salón.

—*Mokutō!*

Un minuto de vacío. De ausencia. De silencio.

A la funeraria solo asistieron sus amigos más cercanos, para evitar que toda la escuela se congregara allí.

Por eso estoy aquí, en la misma acera de siempre, frente a su casa. Donde tantas veces me detuve, deseando su vida.

Ahora la lluvia cubre mi rostro, pero el agua no diluye el peso del dolor.

Siempre sentí que, si alguien debía irse, era yo. No Shōichi.

Tal vez esa contradicción despertó en mí una obsesión silenciosa por el suicidio en Japón. Una búsqueda de respuestas en un país donde la perfección pesa más que la vida misma.

Buscar la perfección con disciplina forja la mente y el cuerpo en una batalla sin fin. Trascendemos, cruzamos los límites del hombre común. Pero la realidad irrumpe como un adversario implacable y, al golpearnos, nos revela nuestra frágil imperfección. Y ese golpe no solo duele. Deshonra.

Todos daban por hecho que Shōichi entraría a la mejor universidad del país. Pero no fue aceptado.

Sobre mí, nunca hubo grandes expectativas. Nadie apostaba por mi destino. Nadie esperaba que lograra nada. Y quizá, paradójicamente, eso fue lo que me salvó.

Sin peso sobre los hombros, era libre. Aunque en mi ceguera de juventud no lo entendiera.

Hoy, cuando alguien les dice a mis hijos que son afortunados de tenerme como padre, ellos sonríen con la cortesía de quien ha escuchado la historia demasiadas veces.

Saben lo que responderé.

—El mundo no se rige por fórmulas ni cifras sin alma. Es vasto, misterioso y demasiado hermoso para vivirlo bajo el juicio ajeno. Solo una expectativa importa: respiren, hijos míos, respiren.

Porque mientras el aire llene sus pulmones, la posibilidad de redención jamás se extinguirá.

Es curioso.

Siempre quise la vida de Shōichi. Y nunca crucé una palabra con él. Ahora su voz me alcanza como un empujón frente a su casa.

Un susurro bajo la lluvia:

オイ、けんじ！お前は生きろ！ *Oi, Kenji! Omae wa ikiro!*

Capítulo 22

石

Ishi

La piedra

Nuestras bicicletas avanzan por calles angostas, serpenteando entre la arquitectura de un Japón que susurra tradición e historias antiguas.

Nos dirigimos al famoso bosque de Shiki no Mori, aquel lugar donde prometí saldar una deuda con mis demonios.

Pero lo esencial no era solo regresar, sino hacerlo acompañado de Kenji David. Ahora que me aventaja en altura por varios centímetros. No fue difícil para nuestros hijos superar el 1,68 de su padre, pero en su porte hay algo más que genética: es la herencia fuerte y elegante de su madre.

Voy detrás de él, montado en una MamaChari, esas bicicletas de uso cotidiano que en Japón se han ganado un estatus casi legendario. Pocos imaginarían la tecnología y resistencia que han alcanzado con los años. Con un precio de apenas cien dólares, algunos se aventuran a recorrer todo el país en una de ellas. En Japón, hablar de las MamaChari es hacerlo con la misma admiración con la que en Colombia se habla de Toyota. "MamaChari es MamaChari y pare de contar".

Mientras tanto, Kenji David avanza firme hacia el bosque que tanto insisto en visitar. No va en una MamaChari. Lo hace sobre una elegante Bianchi de ruta, su azul pastel cortando los tonos grisáceos de la ciudad. Su abrigo de invierno se abre con el viento, revelando la silueta atlética de sus diecisiete años, envuelta en una sudadera Mizuno negra.

Al llegar al bosque, nos ubicamos frente a las dos piedras gigantes que emergen del suelo como guardianes ancestrales.

Ya no las veo tan enormes como antes, pero siguen siendo imponentes y silenciosas. Dan la bienvenida a los visitantes del bosque de las luciérnagas. El gran Shiki no Mori.

Instalo el trípode y la cámara. Le paso el guion a mi hijo y le pido que me siga la corriente en un tema sobre avanzar en la vida. Es muy parecido a su madre: tiene esa necesidad de precisión antes de ir a cualquier sitio. Ruta, hora, destino y, sobre todo, el propósito de la visita.

Por eso, antes de salir de casa de sus abuelos, fui claro:

—Vamos a un bosque famoso de la zona. Tomaremos las bicicletas: tú en la Bianchi, yo en la MamaChari. Iré filmándote por el camino y, al llegar, grabaremos un corto video de fin de año, unos diez minutos para nuestros seguidores.

Noté su alivio inmediato. Más que el resultado, le interesa saber bien la misión misma.

Y aunque hicimos exactamente eso, en el fondo fui por otro motivo.

Fui a responderles a esas dos malditas piedras.

A saldar un asunto, a cobrar una deuda de todas las maldiciones que me escupieron aquella noche.

Su veneno fue tan cruel que terminé dormido sobre una de ellas y desperté cubierto de picaduras.

Aquí estoy.

Justo donde dijisteis que no estaría. Que no lo lograría jamás.

Sí, soy esposo, soy padre, soy un profesional mucho más productivo de lo que alguna vez imaginé posible.

Aquí estoy con Kenji David, mi Saludable Samurái. Su alegría y grandeza serán testigos de que he cumplido mis sueños.

Hola, malditas piedras. Me da la impresión de que erais mucho más imponentes. Pero quizás solo era yo. El pequeño, raquítico y perdido aquella noche. Discutiendo con vosotras sobre mi destino hasta el amanecer.

Viajé por el mundo cargando vuestro peso frío, esa duda lacerante sobre mi espalda, la dura incredulidad de que algún día alcanzaría siquiera uno de mis sueños.

Las maldiciones

"¿Qué tienes de especial para ser distinto a los demás moribundos que jamás cumplieron sus sueños y también pasaron por aquí?".

"No eres de aquí ni de allá. No hablas bien japonés ni español. No tienes cara de nada".

"¿Quién querrá, quién podrá sentir amor incondicional por alguien que no es ni agua ni roca?".

"No creo que debas morir, pero nacer tampoco fue una buena idea del destino. Y si no soportas esta verdad, es mejor que te largues de nuestro bosque".

La noche entera argumentando posibilidades: la bendición, la suerte, la disciplina o la resignación. Momentos de fe que se desvanecían con el canto de los grillos. Visiones de mis sueños cumplidos, atropelladas una y otra vez por los miedos, solo para volver a empezar el debate.

Agradezco que aceptarais el desahogo de un niño de trece años que escapó al bosque de Shiki no Mori. Sí, ya sé que suena absurdo, pero así fue. Y por eso estoy aquí.

Para preguntaros:

¿Qué tenéis que decir ahora?

Ahora que me acompaña el primer fruto de mi ser.

Kenji David, el grande y fuerte Samurái.

Un niño lleno de amor incondicional, que sana mi alma cada mañana cuando me saluda con su abrazo, apoyando su cabeza sobre mi hombro.

¿Qué tenéis que decir ahora, malditas piedras?

LAS PIEDRAS
Nunca hablamos contigo.

Pero claro que te recordamos.

Hablaste solo toda la noche, hasta quedar dormido en nuestro regazo. Dijiste tantas cosas que terminaste rindiéndote.

Es grato verte de nuevo. Siempre fuerte, siempre inteligente. Aquella noche ya se intuía en ti a alguien destinado a cumplir sus sueños, y vemos que lo hiciste.

Aunque, por lo visto, aún sigues maldiciendo.

Esa noche no dijimos nada.

Pero fue un extraño placer escucharte.

—Gracias. Y lo siento por tanta maldición. Aunque les aseguro que mis hijos no hablan con piedras. Porque muchos adultos, por fin, aprendimos a escuchar, y esa maldición llegó a su fin.

Gracias, benditas piedras.

—El placer es nuestro, niño Yokoi.

思考は夜の侵入者だ。静かで、暗く、制御できない。だが、運命を決めるものではない。

"Los pensamientos
son intrusos
en la noche:
sigilosos, sombríos,
incontrolables,
pero no dictan
mi destino".

Capítulo 23

鏡

Kagami

El espejo de Matsuyama

Nadie recuerda sus nombres, pero en Matsuyama, un rincón apartado de la provincia de Echigo, aún se susurra su historia.

Eran tres: un hombre, su esposa y su hija. Vivían en una casa sencilla, lejos del ruido y las intrigas de la capital. La niña era el alma del hogar, un soplo de primavera que iluminaba incluso los inviernos más largos.

Un día, la tranquilidad se quebró. Desde la gran ciudad llegó un encargo para el padre, una misión que lo obligaría a partir. Ir a la capital era más que un viaje: era tocar el centro del mundo, donde el emperador y los sabios tejían los hilos del destino. La esposa sintió orgullo y temor. Él sería el primero de la región en pisar ese suelo legendario.

Cuando llegó el día del regreso, la mujer vistió a su hija con sus mejores ropas y ella misma se puso un kimono azul, el que él más amaba. Al verlo cruzar el umbral, sintió que el alma se le desbordaba.

Él traía relatos de maravillas, prodigios que sus ojos habían contemplado, y regalos. Para la niña, juguetes de la ciudad. Para su esposa, un pequeño tesoro: una caja de madera clara que guardaba un disco de metal.

La mujer lo sostuvo entre sus manos. De un lado, relieves de pájaros y flores; del otro, una superficie pulida como un lago al amanecer. Lo observó y, de pronto, vio un rostro desconocido pero familiar. Un rostro que la miraba con dulzura, vestido de azul, como ella.

—¿Qué ves? —preguntó el esposo, con una sonrisa.

—A una mujer que me observa… mueve los labios y lleva un vestido como el mío.

Él rio.

—Es tu reflejo. En la ciudad, todos tienen uno de estos. Lo llaman espejo.

Día tras día, la mujer se perdía en aquel objeto. Hasta que un día, como si temiera que su hija descubriera algo peligroso en él, lo guardó entre sus pertenencias más preciadas.

Los años pasaron. La niña creció y con ella la enfermedad de su madre, que se instaló en su cuerpo como el invierno en los campos.

Cuando sintió que su tiempo se agotaba, llamó a la niña a su lado.

—Hija mía, cuando ya no esté, cada mañana y cada noche mírate en este espejo. Allí me verás, y sabrás que sigo contigo.

La niña prometió. Y cuando su madre cerró los ojos por última vez, aquella promesa quedó suspendida en el aire como un hilo invisible entre ambas.

Desde entonces, cada día al amanecer y cada noche antes de dormir, la niña se detenía frente al espejo. Pero no veía en él la fragilidad de los últimos días de su madre, sino un rostro sereno, intacto. En aquel reflejo encontraba consuelo. Le hablaba en susurros, compartía sus dudas, sus alegrías.

Su padre la observaba en silencio. La veía inclinarse ante el espejo, despedirse con una leve inclinación de cabeza, como si esperara respuesta.

—¿Qué miras ahí? —preguntó una tarde.

—A mi madre. Me prometió que siempre la vería aquí.

El hombre sintió que el pecho se le apretaba. Sabía la verdad, pero nunca tuvo el corazón para decírselo. En el espejo, la niña no veía a su madre. Veía su propio reflejo. Y, sin embargo, tenía razón: en su mirada, en la curva de su sonrisa, en la leve inclinación de su cabeza, su madre seguía viva.

La niña creció, y con los años el espejo dejó de ser un ritual y se convirtió en un gesto automático, un reflejo más en la rutina de cada mañana. Sin darse cuenta, ya no buscaba a su madre, sino la sombra de su propia transformación.

El tiempo, paciente y silencioso, hizo lo suyo. Un día, al levantar la vista, encontró en el cristal unos ojos que no recordaba del todo suyos. En ellos había algo familiar, una expresión que flotaba entre la nostalgia y la ternura.

Cerró los ojos por un instante. Afuera, el viento agitaba las ramas del cerezo.

Cuando volvió a abrirlos, la imagen en el espejo seguía allí. Pero esta vez, no supo distinguir si era su rostro o el de su madre.

Dicen que el pasado nunca se pierde. Solo aprende a mirarnos, de maneras diferentes.

¿Cómo una historia nacida al otro lado del mar puede reflejarse en nuestra propia memoria?

Será porque los relatos no pertenecen a la geografía, sino al alma de quien los escucha.

Capítulo 24

白鳥

Shiratori

Houdini japonés

Mi padre siempre cambiaba de canal antes del final, un hábito que aún comentamos con mis hermanos.

Creímos que lo hacía para fastidiarnos, pero incluso estando solo, lo repetía.

Al final, descubrimos que detestaba los finales predecibles.

Fue en un documental sobre personajes históricos donde conocí a Shiratori Yoshie, el hombre que desafió el sistema penitenciario de Japón.

Lo encarcelaron en 1936, acusado de complicidad en un asesinato. Alegó su inocencia, pero en Japón la insistencia puede ser interpretada como una falta de honor. En lugar de recuperar su libertad, ganó la hostilidad de los guardias.

Lo enviaron a la helada prisión de Aomori. Tras meses de maltrato y sin una sentencia clara, tomó una decisión.

Arrancó un alambre de un balde de baño, estudió cada rutina, cada descuido, y la noche del 18 de junio de 1936 deslizó el alambre en la cerradura. Un clic, y la puerta cedió.

A la mañana siguiente, su celda estaba vacía. Solo un bulto de sábanas en su futón mantenía la ilusión de que aún dormía.

Japón entero quedó en *shock*. Pero tres días después, lo encontraron caminando por la calle con una bolsa de compras, como si nada.

Cuando le preguntaron por qué había escapado, su respuesta fue simple, brutal:

—La sentencia era injusta. Y el trato, indigno.

Lo enviaron a la prisión de Akita. Esta vez, reforzaron la celda y soldaron más barrotes en la única ventana —una rendija por donde apenas entraba el sol— ubicada a tres metros de altura.

Ahora cumpliría cadena perpetua.

El guardia de turno tocó el silbato. La puerta seguía intacta. Solo bultos bajo las sábanas.

En el suelo, pedazos de vidrio. Cada noche, untaba arroz japonés —almidonado, sin sal ni aceite— en la madera de la ventana. Poco a poco, la debilitó. Con los dedos endurecidos por la práctica y un diminuto serrucho improvisado, cortó, milímetro a milímetro, los tablones hasta que, una noche, escapó de nuevo.

Fue capturado fácilmente. Esta vez, lo encadenaron con grilletes forjados especialmente para él. Manos y pies sujetos a pesadas bolas de hierro, arrastrándose por el suelo, comiendo como un perro.

Hasta que la sangre marcó el piso. Entonces, tuvieron misericordia y le permitieron llevar las manos al frente.

Pero el hierro también cede.

Cada día, la sopa de miso —presente en cada mesa de Japón— hizo su trabajo. Oxidó el metal. Cuando el momento llegó, él hizo el resto: desencajó sus propios hombros y, por una rendija en la puerta, desapareció en la oscuridad.

El 26 de agosto de 1944, volvió a ocurrir. Su tercer escape sacudió al país.

El Tribunal del Distrito de Sapporo diseñó una celda solo para él.

Pero en 1947, Shiratori Yoshie escapó una cuarta vez. Le tomó años. Esta vez, cavó un túnel.

En 1948, después de un año en libertad, un oficial de policía le ofreció un cigarrillo en un parque.

Conmovido por el gesto, Shiratori confesó ser un fugitivo y se entregó voluntariamente.

Un tribunal repleto, un país entero expectante. Uno de los juicios más seguidos de la época.

Eizaburo Suzuki, director de la prisión de Fuchū, intervino. Ordenó traer los mismos grilletes que habían destrozado sus muñecas y tobillos.

Shiratori los miró. Sabía lo que significaban.

Entonces, Suzuki tomó una segueta y, con paciencia calculada, comenzó a cortarlos. El chirrido del metal cediendo se extendió por la sala, largo y penetrante, como si el tiempo mismo se quebrara.

Cuando el último eslabón cayó al suelo, el juez habló:

—Cumplirás una condena de veinte años. Serás tratado con dignidad.

Hizo una pausa.

—Pero, por favor, no escapes más...

En 1961, trece años después, Shiratori fue liberado por su buena conducta. Falleció en 1979, a los setenta y un años.

Dicen que la verdad nos hace libres. Shiratori Yoshie solo quería ser tratado como un ser humano. Esa era su verdad y su historia obligó a un país entero a mirarse en el espejo.

Esa noche, mi padre no cambió de canal. Atónitos, los dos seguimos el programa hasta el final.

Capítulo 25

Kotoba

Las palabras

¿Por qué me hieren tanto las palabras?

Duelen aquí, casi físicas, como un punzón clavándose en la piel. Callo, finjo, pero el filo persiste.

Y aunque la sombra se disipa y creo estar bien, tarde o temprano llega otra palabra. Otro dardo.

¿Por qué me duelen tanto las palabras?

¿Soy acaso el saco de boxeo del mundo? ¿La diana de burlas, indirectas y directas también?

Claro que no. Ni que fuera el centro del universo.

Pero da igual si es culpa mía o de los demás. Solo quiero dejar de sentir este dolor punzante, esa burla, ese desprecio.

Así que cambio de caminos, de aires, de tierras, para cambiar también de rostros. Llegan otros dientes, otros abrazos, nuevas ilusiones.

Vuelve la confianza. Y con ella, otra vez, el golpe.

¡Maldita sea!

¿Por qué me afectan tanto las palabras?

Me aíslo.

Los perros no hablan.

No hieren, no traicionan.

Son nobles y leales.

Solo confío en ellos.

Pasa el tiempo y mi cabeza quiere estallar.

Esto no funciona.

¿Por qué me hacen tanta falta las palabras?

Nacimos para relacionarnos, como los peces para nadar.

Para compartir con otros, como las aves con el viento.

—Sabes que no son ellos. Eres tú.

Me dice mi perro un día.

Entiendo. No puedo seguir huyendo.

Las personas no tienen tanto poder como para aislarme.

Hasta mi perro lo sabe.

Entro en tratamiento. No es fácil.

Doy mis primeros pasos y descubro algo esencial:

"Hablar es un acto, transmitir es un arte.

Escuchar es un acto, interpretar es una destreza".

Casi nada es personal.

Casi todo es inercia: crianzas, heridas, palabras y más palabras, flotando en el aire y cayendo en todas partes.

"Los demonios no hacen daño a quien no los ve.

Y solo los ve quien así lo quiere".

Pasa el tiempo y aprendo el juego.

Ahora lanzo y devuelvo palabras como un tenista con su oponente.

Descubro el arte de dejarlas pasar de largo para que el punto sea mío.

Y como la cordialidad no está en guerra con un carácter firme,

comienzo a ser impecable. Imbatible.

A veces me descuido y pierdo.

De eso también se trata.

¿Por qué disfruto tanto las palabras?

Miro atrás y descubro que nunca fueron ellos.

Eran mis heridas abiertas, de manera innecesaria.

"No hay peor prisión que un corazón lleno de heridas sin cerrar".

Haruki Murakami

Benditas sean las palabras.

学ぶには、まず捨てること。意見や先入観を手放し、
心を空にする。

“Para aprender,
primero hay que desaprender:
vaciar la mente de opiniones
y juicios”.

Capítulo 26

素晴らしい

Subarashii!

¡Maravilloso!

Mi maestro era un hombre extraño. No entraba al salón con el protocolo solemne de los japoneses. No ordenaba silencio ni imponía la venia.

Solo entraba gritando:

—¡Mira el sol! ¡Hoy es un día maravilloso!

Y saltaba sobre los pupitres, extendía los brazos, reía como un niño.

—¡La vida es maravillosa! —insistía, una y otra vez, con una energía que nos ofendía, que ridiculizaba nuestra adolescencia sombría.

Él enseñaba inglés, y eso era trágico para mí, porque aún no dominaba bien el japonés y ahora debía aprender un idioma a través de otro que tampoco entendía.

Para colmo, con un maestro que no paraba de cantar y gritar que la vida era maravillosa, como si realmente lo fuera.

En los pasillos era peor. Si nos cruzábamos con él, nos tomaba del brazo y nos atrapaba con su entusiasmo feroz.

—¡Niño Yokoi! ¡La vida es maravillosa!

Todos sabían que, si te agarraba, no había escape.

—Uy, atraparon a Kenji —susurraban mis amigos, conteniendo la risa.

Yo bajaba la cabeza.

Daba vergüenza.

A los dieciocho años, lo vi por última vez.

Estaba en la estación de tren de Nakayama, en la línea de Hachiōji. Nuestros ojos se encontraron. Me sentí todo un adulto. Los dos de traje. Creí que, por fin, se comportaría como uno.

Me equivoqué.

Su inconfundible voz rasgó la quietud de la tarde.

—¡Niño Yokoi!

Me congelé. No puede ser que siga gritando. Además, ya no soy un niño.

Demasiado tarde. Ahí estaba el maestro, con los ojos abiertos de par en par, tomando una bocanada de aire para continuar:

—¡Niño Yokoi!

Las miradas se clavaron en mí. Corrí hacia él, le tomé la mano, intentando callarlo antes de que soltara su frase de siempre.

—¡La vida es maravillosa!

Me invitó a un café. Seguía igual. El mismo brillo en los ojos, la misma risa, la misma alegría desbordante.

No resistí. Tenía que preguntarlo.

Ahora era un adulto. Ahora podía.

—Maestro... ¿por qué? ¿Por qué eras así en el colegio? ¿Por qué tanto entusiasmo? Incluso los demás profesores te veían como un bicho raro, nadie te seguía el juego, y tú seguías gritando ese asunto de la vida...

Me miró con una calma infinita.

—Ahora que ya no eres mi alumno, puedo contarte mi secreto.

El secreto

¿De qué secreto hablaba?, pensé. Pero él continuó.

Se enamoró de una maestra. Se casaron. Dedicaron su vida a la docencia. Decidieron no tener hijos, porque ya tenían muchos en las aulas.

Vivían para enseñar.

Pero un día, ella enfermó.

La quimioterapia le arrebató el cabello y las fuerzas.

Él se arrodilló junto a su cama y le susurró con voz temblorosa:

—Chieko, quiero morir contigo.

Ella sonrió, débil, y dijo:

—Si me amas, demuéstramelo.

—¿Cómo?

—Ve a enseñar. Dame el honor de saber que, aunque yo ya no pueda, mi esposo sigue enseñando.

—No tengo ganas.

—No se trata de ganas. Hazlo por amor a mí.

Y él, con el alma rota, le prometió que lo haría.

—No cuentes a nadie nuestro dolor. Solo diles la verdad. Diles que la vida es maravillosa.

—Niño Yokoi, al principio entraba al salón y gritaba para no llorar. Pero luego aprendí a cumplir la promesa a mi esposa con alegría.

Ella disfrutaba que llegara a casa y le contara sobre todos ustedes.

No pude mirarlo a los ojos.

Allí mismo, cabizbajo, las lágrimas rodaron por mis mejillas.

先生、ごめんなさい。

—Perdón, maestro…

Él sonrió. Como siempre.

—No te lo conté para que llores. Te lo conté para que entiendas. Chieko partió, pero me enseñó a vivir antes de irse.

Tomó su último sorbo de café y, con la misma voz que alguna vez me avergonzó, dijo sin gritar, con la serenidad de quien realmente sabe lo que dice:

—La vida es maravillosa.

中山中学校の梅澤紀一先生は素晴らしい方でした (El maestro Umezawa Kiichi, de la escuela secundaria Nakayama, fue para nosotros una persona maravillosa.)

Capítulo 27

お腹空いた

Onaka suita!

¡Tengo hambre!

Cada mañana, Hyakujō, un maestro de ochenta años, barre el templo. Sus movimientos son pausados, pero firmes. Sus discípulos lo observan con ternura. Nunca deja de trabajar.

Pero un joven discípulo, recién llegado, siente pena por él.

—Es demasiado viejo. No aceptará descansar por más que se lo pidamos.

Esa noche, decide esconderle sus herramientas.

A la mañana siguiente, el anciano las busca en vano. Sin ellas, se encierra en su habitación. No sale a desayunar. No almuerza. No cena.

El segundo día, lo mismo.

Los discípulos se preocupan. Tal vez la tristeza de no poder trabajar le ha quitado el hambre. Deciden devolverle sus herramientas y oran por su salud.

Al amanecer, Hyakujō abre la puerta, recoge su caja y, sin decir palabra, vuelve a barrer, a cortar, a limpiar el jardín. Cuando termina, se sienta a desayunar.

Bebe su sopa de miso, sonríe y dice:

—¡Tenía mucha hambre!

Los discípulos aplauden, aliviados.

Pero el maestro deja de sonreír. Sus ojos se endurecen.

—El que no trabaja, no come.

Silencio.

El viento sacude las hojas del jardín. Nadie se atreve a hablar.

El joven discípulo baja la cabeza. Ha entendido la lección.

Capítulo 28

Muri

Imposible

Algunas palabras se aprenden sin esfuerzo, otras se resisten. Y luego está *muri*.

Muri es tan fácil de pronunciar que engaña. Parece inofensiva, ligera, casi juguetona.

Pero a mí me suena como un muro invisible. Una puerta que se cierra.

Muri se traduce como "imposible" en español.

La escuché por primera vez de mi padre, quien la repetía mil veces al día.

—*Muri* esto, *muri* aquello... simplemente, *muri*.

—*Nande muri nano?* ¿Pero por qué es imposible?

—*Muri wa muri dakara.* Porque *muri* es *muri*, y punto.

Esa explicación le bastaba, como si fuera una verdad absoluta. Pero lo más desesperante era la ligereza con la que lo decía, la sonrisa implícita en su tono.

Como si declarar algo imposible fuera, de algún modo, una buena noticia.

Pronto descubrí que no era solo él.

Los profesores la pronunciaban con el mismo entusiasmo, como si fuera un hallazgo brillante.

Un ¡eureka! disfrazado de resignación.

Durante una excursión al bosque Shikino Mori, el maestro Sasaki trazó unas rutas seguras en el mapa.

Pero había otras más interesantes, llenas de árboles y senderos desconocidos. Las más atractivas precisamente porque no aparecían en el mapa.

—Esas no. Son rutas *muri*.

Tenté a mis compañeros a explorarlas.

—No podemos, Kenji. *Muri*.

Quise decirles:

—Por eso mismo, vamos. Hay que ver qué tan *muri* es.

Pero mi japonés no daba para tal conjugación.

¿Cómo podían aceptar con orgullo los *muri* de la vida? Pensé que tanto pesimismo debía traducirse en fracaso. Pero algo no encajaba en mi teoría.

Rascacielos infinitos.

Trenes que cruzan ciudades en minutos.

Autopistas suspendidas en el aire.

Japón no parecía un país resignado.

Entonces lo entendí.

Muri no es un muro. Es un giro. Un cambio de estrategia.

Es la oportunidad, el deber, la suerte de poder ver desde otro ángulo.

Aceptar lo imposible no es rendirse, sino ejercitar la creatividad: buscar otros tiempos, otros caminos, otras formas.

Muri no es pesimismo. Es perspectiva.

En cambio, a nosotros, los de este lado del mar, lo imposible nos obsesiona. Nos aferra. Nos ciega.

"Dígales que es imposible y van a querer hacerlo".

Una frase que define bien al ser latino.

La obstinada terquedad suele confundirse con determinación. Pero ser determinado también es saber cambiar de opinión cuando la realidad lo exige.

Un japonés puede enamorarse y callarlo. Si lo descubren, dirá algo como:

—Me gusta, pero *muri.* Vive en otra ciudad.

—¿Y eso qué importa? ¡Ve por ella! —diría mi ser latino.

—No, Kenji. *Muri.* Es de esos amores que no van a pasar, pero también es bonito así.

La belleza de lo efímero. De lo que no fue, pero pudo haber sido.

Aquí, en cambio, incluso cuando la dama en cuestión está casada, los corazones insisten.

—¡Yo también lo estoy!

—No es bueno ser celoso.

—Pues se la quito al otro.

—Felices los cuatro.

Entre broma y broma, reluce nuestra incapacidad de aceptar lo imposible. De ver su belleza.

Somos una cultura de ímpetu contra lo imposible. Pero a veces, es solo ímpetu. No avanza.

Mucha fuerza sin riendas. Muchos bríos sin freno.

No quiero dejar de ser latino. Sé bien los beneficios de serlo.

Solo que también es bueno aprender a ser dócil, como la espada samurái.

A ver la belleza de lo imposible.

Capítulo 29

知らない

Shiranai

No lo sé

Auxilio, ayúdame,
me quedé sin hogar,
mi esposo se ha ido,
mis hijos no quieren hablar.

Llegan más mensajes.

He perdido todo,
no sé si podré levantarme,
el miedo aprieta el pecho,
Siento un vacío en mi vientre.

“No es tan grave”.

"No es la muerte".
Fácil es decirlo
cuando el abismo es de otro.

Pero el dolor es dolor,
no se mide, no se compara,
y no se esquiva.

Se enfrenta.

La fe no es suerte,
ni promesas de humo.
Es un faro en la tormenta,
un sensor en la bruma.

En el barrio, en el asfalto,
cuando el balón no llegaba,
cuando fallar era condena,
solo había una salida:
gritar con fuerza:
"¡Téngame fe!".
Un pase dudoso, y el milagro ocurría.

Tal vez la fe da valor,
el valor da seguridad,
y la seguridad hace lo suyo:
cambia el destino.

Téngase fe.
A su esposo.
A su hijo.
A su camino.

Este no es el final.
Y si lo fuera, puede ser
solo el comienzo
de algo mejor.

Le pregunté a un
matemático si el
cielo existía.
Se detuvo, sonrió
y con calma decía:
"それはしらない！ *Shiranai*".
"Eso no lo sé, niño Yokoi,
pero la vida se disfruta mejor cuando se cree".

Tal vez no lo sabemos,
pero la fe nos sostiene
cuando el suelo se rompe,
los números no dan
y el alma duele.

Los más fuertes piden aire,
anhelan la campana.

Incluso el mejor boxeador
necesita un minuto
en su esquina.

Respiro, tomo aire,
miro al frente y me preparo.
Suena la campana.
Y allá vamos.
Mientras hay vida,
siempre habrá otro *round*.
Siempre habrá esperanza.

YKD

Capítulo 30

聖なる

Seinaru

Lo sagrado

Bienvenidos a Yokohama.

El cazador alistó su rifle.

Atento, esperaba el momento en que su presa apareciera.

Pero lo que emergió de los arbustos no fue una criatura en huida, sino un pequeño cerdo de la montaña. Caminando sin prisa, se sentó a su lado, como si de un viejo amigo se tratase.

El cazador, incrédulo, bajó el arma. Un solo disparo bastaría. Un tiro limpio, sin sufrimiento y aquel cerdito estaría en la parrilla al otro día.

Pero algo en la escena lo detuvo.

Así no se vale.

Aquel viejo proverbio japonés cobraba sentido:

"No caza el cazador el ave que posa y canta en su mano".

Hay momentos, lugares, personas y recuerdos que, sin previo aviso, dejan de ser cotidianos y se vuelven sagrados.

Un principio irrenunciable.

Un objeto que atesoramos.

Una canción que nos toca el alma.

Lo sagrado es aquello que protegemos,

pero también lo más fácil de arruinar.

Basta una palabra, un gesto, un descuido. Tirar del gatillo sin pensar.

Así, lo que amamos se vuelve insoportable.

Un perfume grato se transforma en memoria amarga.

Un amor se convierte en un odio inolvidable.

A veces lo destruyen otros. A veces lo hacemos nosotros.

Y lo sagrado deja de ser sagrado.

¿Qué le sucede al ser humano cuando un día descubre que en su vida ya no queda nada sagrado que proteger?

Cuando al mirar hacia atrás, todo lo valioso ha sido descuidado y profanado…

Søren Kierkegaard escribió:

"La vida se vive hacia adelante, pero se comprende hacia atrás".

Por eso, algunas cosas deben permanecer intocables.

María salió a recolectar flores para decorar su casa.

Encontró una, perfecta, sublime.

Y supo que debía dejarla allí.

Hay flores que no se arrancan.

Hay recuerdos que no se manchan.

Hay momentos que no se fuerzan.

Como el fotógrafo que, en lugar de presionar el obturador, simplemente baja la cámara y contempla.

Lo sublime no se captura, se guarda en el alma.

Algunos no ven nuevas amistades, solo oportunidades, entonces se pierde el milagro, la comunión, se pierde lo sagrado.

"No caza el cazador el ave que posa en su regazo".

Bienvenidos a Yokohama.

Me gusta este puerto.

No solo por su historia,

sino por lo que significa para mí.

Después de más de dos siglos de aislamiento, Japón fue forzado a abrirse al mundo.

Los primeros extranjeros que llegaron aquí no eran invasores, sino comerciantes, viajeros, peregrinos.

Aquí, en Yokohama, el mundo se reencontró.

En mis quince años en Japón, pasé por tristezas, depresiones e ideaciones suicidas en muchos rincones de la ciudad.

Pero no aquí.

Este puerto, Minato Mirai, la bahía del futuro, nunca se contaminó con dolor.

Siempre fue testigo de mis victorias, no de mis derrotas.

Aquí recibí mis primeras clases de japonés mientras construían la Landmark Tower, el edificio más alto de Japón.

Aquí, en un edificio con forma de sandía —o "la empanada", como le dice mi madre—, gané mi primera condecoración a los catorce años por un escrito sobre las vacas en Colombia.

Aquí tuve mi primera cita con la monita. Llegó una hora tarde. Estaba más que molesto, iracundo, y, al llegar, su sonrisa iluminó mis ojos apagando todo reproche.

Aquí nació Kenji David el saludable Samurái.

Aquí registramos nuestro matrimonio.

Aquí vi los fuegos artificiales más grandes de Japón junto a mi madre, mi esposa y mi hermana.

Y hoy, este puerto será testigo de nuestro encuentro.

Llegar aquí nos costó lágrimas, pérdidas, traiciones y mucha terapia.

Por eso, no lo profanaremos.

No lo ensuciemos con resentimientos.

No lo convirtamos en escenario de disputas sin sentido.

"Uno de los sabotajes más básicos de un cerebro en caos es crear problemas donde no los hay".

Todos sabemos cazar para sobrevivir.

Luchar para no morir.

Pero esta vez, no hay presa.

El pajarito se ha posado en nuestro regazo.

Y no caza el cazador el ave que para en su corazón.

Discurso inicial de Yokoi Kenji ante peregrinos hispanohablantes en el puerto de Yokohama.

Capítulo 31

話せ!

Hanase!

¡Habla!

Lo primero que hice al volver a Colombia, después de más de una década en Japón, fue visitar escuelas por todo el país.

Hablé con estudiantes sobre cultura, idiomas, sueños, gastronomía, disciplina japonesa y las virtudes de ser colombiano.

Años en esta labor y aún me siento como un niño que escapó de aquel archipiélago con una noticia urgente:

—¡Hablamos español!

Castellano, como quieran llamarlo. Lo importante es que es valioso.

Recuerdo la envidia de los japoneses cuando lo descubrían:

—いいなあ、研二くんスペイン語話せるんだ!
(¡Qué afortunado, Kenji! Hablas español).

Se quejaban de su lucha con diccionarios gigantes, de la tortura de conjugar verbos, de los viajes costosos a España solo para mejorar un poco.

Una maestra me pagaba quinientos yenes cada miércoles por media hora de pronunciación en un McDonald's de Nakayama.

—No se lo cuentes a nadie en la escuela —me advirtió—. Nos podrían sancionar.

Volvía a casa y mi madre preguntaba:

—¿Cómo te fue?

—No me mira, solo dice palabras en español. Yo las repito tres veces, ella toma nota, dice gracias y se va corriendo.

Me sentía como un expendedor de verbos clandestino.

Hoy lo entiendo. En una época sin internet, mi español valía oro.

Por eso me urgía regresar a Colombia.

Decirles a mis amigos —especialmente a los que, como yo, arrastraban malas calificaciones— que el idioma que hablábamos podía abrirnos el mundo.

—¡Hay oro, hay oro! —me imaginaba anunciando como un Colón inverso—. ¡Hablamos español!

"Id pues y multiplicaos por Japón, os pagarán tan solo por hablar y bailar vuestra cumbia y vuestra salsa".

Con el tiempo, entendí mejor el mensaje.

Aprendí japonés y lo enseñé a la comunidad latina.

Así conocí a mi esposa.

Aprendí portugués.

Nunca me faltó trabajo como traductor.

La cuestión, el verdadero oro, no es hablar un idioma.

Es hablar.

He visto suficiente para saber que sobrevive el que se expresa.

El que pide ayuda.

El que no deja que el miedo lo paralice y el silencio lo sepulte.

Era mentira de los adultos.

El coco no se lleva a los niños que se portan mal.

Ni a los que sacan la lengua.

Ni a los que sacan malas calificaciones.

El coco se lleva a los que no hablan.

Desde amigos, hermanos, hijos, funcionarios, colegas y, sobre todo, parejas que se aman, pero no se dicen las cosas a tiempo.

El coco se los lleva.

El primer síntoma de que estamos vivos es un llanto.

Ese grito que da paz a todos en la sala de parto.

Ahí está la premisa que espanta al coco:

Los hijos deben expresar lo que sienten, y los adultos tenemos el deber de escuchar con atención sus historias. No podemos ignorar la posibilidad de un peligro real, ni permitir que, por miedo a hablar, el monstruo del silencio marchite una vida.

Una sociedad saludable habla.

Y se le permite hablar.

Tenga razón o no, para eso está el debate.

Pero bueno, nunca es tarde para espantar a los cocos del alma.

Vamos, ¿qué esperas?

Dilo.

Dile que te gusta.

Dile que renuncias.

Dile que no.

Dile que sí.

Dile que lo vas a perdonar.

Dile que ni siquiera lo vas a pensar, porque ya tomaste una decisión.

Claro, siempre está el riesgo de equivocarse.

Pero callar lo que sentimos casi siempre es el mayor de los riesgos.

Bien dice el refrán anónimo:

"Las palabras tienen poder. No decir nada también lo tiene".

Y, en todo caso, aunque no con todos se puede hablar, todo se puede hablar.

Capítulo 32

Sasori

El escorpión

Seguro fue el ruido del río, pero mientras el sapo tomaba el sol sobre una roca, no se dio cuenta de que un enorme alacrán se le acercaba.

—Tenga usted, señor sapo, un buen día —dijo el alacrán con cortesía.

—Sí, señor alacrán, efectivamente el sol está en su punto —respondió el sapo, intentando disimular el susto.

—Bien es sabido que nosotros, los alacranes, no sabemos nadar —continuó—, pero usted, señor sapo, es un excelente nadador y eso también lo saben todos.

El sapo, intrigado, ladeó la cabeza.

—Verá usted, señor sapo, me urge pasar al otro lado y no creo que esta vida me alcance hasta darle la vuelta al río. ¿Le interesa hacer un trato extraordinario?

—¿Qué clase de trato sería extraordinario entre un alacrán y un sapo?

—Lléveme sobre su lomo hasta la otra orilla.

—¿Y qué gano yo?

—¡Vamos, señor sapo! ¡Eso sería una hazaña jamás vista! ¡Un sapo ayudando a cruzar un alacrán! Todos hablarían de esto por generaciones. ¡Pasaríamos a la historia!

El sapo rio, negando con la cabeza la absurda petición.

—Confieso que suena extraordinario, como también inviable, señor alacrán.

—¿Por qué razón lo sería, señor sapo?

—¡Mire nomás el aguijón que usted posee! Moriría al instante si me picara.

—Es razonable, pero solo a simple vista, señor sapo. ¡Jamás haría algo así! —protestó el alacrán.

Si lo hiciera, es verdad que mi veneno lo paralizaría al instante, pero entonces yo moriría ahogado... ¡y lentamente!

¡Moriríamos los dos! ¡Jamás haría tal locura!

El sapo lo pensó. La lógica y la razón del alacrán hicieron que lo considerara, a cada segundo que pasaba, como un trato seguro y extraordinario.

—Está bien. Hagámoslo —respondió el sapo.

El río reflejaba el cielo cuando el sapo se lanzó al agua con el alacrán en su espalda. Los animales del bosque acudieron a ver la insólita escena: ardillas, ciervos, ratones, búhos, cocodrilos y hasta las moscas se detuvieron a observar el increíble espectáculo.

—¡Qué valiente sapo cargando un alacrán! —decían unos.

—¡Qué audaz alacrán surfeando sobre un sapo! —decían otros.

Allá iban, los dos, seguros de la ecuación y haciendo alarde de sus capacidades y de la razón.

Pero, a mitad del trayecto, el alacrán notó que la piel del sapo era suave y húmeda, que tenía un color verde alucinante. Aún pensaba en eso cuando notó que, sin querer, su aguijón se hundía en el lomo húmedo de su socio, el señor sapo.

El sapo sintió el ardor en su espalda y supo al instante la verdad.

—¡Ay, señor alacrán! ¿Cómo pudo hacer algo así? ¡Ay, señor alacrán, ahora moriremos los dos!

El alacrán, horrorizado por lo que había hecho y mientras se hundía en el agua, exclamó con gran dolor:

—¡Ay, señor sapo, no fui yo! ¡Ay, señor sapo, fue mi naturaleza!

Desde niños lo escuchamos decir al filósofo mexicano. Desde un barril, nos advertía:

"Fue sin querer, queriendo".

Sin querer, queriendo,

herimos con palabras o con silencios.

Sin querer, queriendo, ignoramos lo que importa.

Sin querer, queriendo, exageramos, nos excedemos, perdemos el control.

Y sin querer, queriendo, nos hacemos daño.

Prisioneros de la inercia,
marionetas de la inconsciencia,
esclavos de nuestros propios hábitos.
Lo que no se cuestiona se repite.
Lo que se hace consciente se transforma,
pues nuestra naturaleza no ha de ser una condena.

"Hasta que lo inconsciente no se haga consciente, dirigirá tu vida y lo llamarás destino". —Carl Jung

Mi instinto natural es real, pero no tiene que ser mi destino.

Capítulo 33

良いマリア

Yoi Maria

La buena María

De todas las aldeas bajaron peregrinos, cargando gallinas bajo el brazo, sacos de maíz y ramos de flores, resueltos a contemplar a la niña con sus propios ojos.

La partera había asistido nacimientos de criaturas con el cordón enredado o marcas del diablo en la piel, pero juró que nunca había visto algo así.

La niña vino al mundo con los ojos abiertos, mirándola fijamente, como esperando algo. Intentó de todo para provocarle el llanto: le sacudió los pies, le sopló en la cara, le pellizcó la planta hasta enrojecer sus deditos.

Pero la niña permanecía en un silencio sagrado.

Solo cuando la partera, rendida y contrariada, casi como quien ruega, le susurró al oído "llora", la niña rompió en un llanto inconsolable que duró tres días y tres noches, sin que la leche materna ni el arrullo de la abuela lograran calmarla.

En un último intento, la misma partera le ordenó un seco "calla", y la niña, como si se le apagara el alma, enmudeció en el acto.

No quiso comer hasta que le dijeron "come", y solo dejó de hacerlo cuando le ordenaron "para". No durmió hasta que le indicaron "duerme", y cuando cerró los ojos con la precisión de un interruptor, la casa entera contuvo el aliento.

Pasaron tres días antes de que se atrevieran a despertarla, y cuando lo hicieron, a uno de los primos se le ocurrió darle la orden de "caga", provocando un desastre que nadie olvidaría.

—Lo único que, gracias a la Santísima Virgen, no hay que decirle que haga es respirar —repetía la abuela entre oraciones y sobresaltos.

La noticia se propagó como una plaga. Al principio, la llamaron milagro, pero con la llegada de los doctores, que la bautizaron como la niña de la obediencia perfecta, su hogar se convirtió en un santuario para todo tipo de visitantes.

Los aldeanos, acostumbrados a vender solo hierbas y huevos de pato, comenzaron a comerciar frutas, verduras, animales e incluso piedras del sendero que llevaba a su casa, convencidos de que algo en aquel suelo debía ser la fuente del milagro.

Un tío lejano, exiliado en una hacienda de tierras calientes por razones nunca aclaradas, apareció con un canasto de diminutas botellas llenas de un líquido transparente, asegurando que contenían las lágrimas de sus tres primeros días de llanto.

Las vendía a precio de oro, selladas con corcho y cera. La gente las atesoraba en relicarios de plata o las vertía en el agua de sus hijos rebeldes, con la esperanza de que, al menos una vez, obedecieran sin protestar.

El sacerdote de la parroquia, rendido ante la evidencia, aceptó bautizarla. La llamó María la Buena, porque solo ella y la Virgen Santísima sabían lo que era obedecer de verdad.

Pero lo que comenzó como un milagro se convirtió en una carga. A los trece años, María la Buena era alta y espigada, pero inmóvil, como un árbol. No hablaba, no comía ni dormía sin una orden clara. Al principio, los vecinos acudían con reverencia, pero con el tiempo se alejaron: primero los curiosos, luego los devotos y, al final, hasta su propia familia empezó a resignarse.

Para no repetir ni olvidar sus necesidades, la madre ideó un método infalible: cada mañana le colgaba del cuello un cartel con las instrucciones del día, marcando en rojo las ya cumplidas. Si algo quedaba fuera de la lista, la niña simplemente se quedaba inmóvil, como una planta sin viento.

—Al menos no hay que decirle que respire —suspiraba la abuela, limpiando el polvo de los relicarios con lágrimas aún sin vender.

Los aldeanos dejaron de hablar del milagro; la fe dio paso a la inquietud, y el don pareció volverse maldición.

María la Buena crecía en silencio, con la inmutable expresión de quien nunca ha elegido.

El sacerdote dejó de visitarla, las madres dejaron de traer a sus hijos, y su propio padre evitaba mencionarla.

Solo su madre, en las noches de luna llena, al verla dormida con el cartel sobre el pecho como un designio inquebrantable, sentía un estremecimiento en el alma, pensando que tal vez, y solo tal vez, la verdadera tragedia no es la desobediencia.

Desperté sudando y sugestionado tras soñar con aquel extraño caso de la niña. Fui a la cocina por un vaso de agua y, al depositarlo en el lavavajillas, noté que Keigo Daniel no había lavado los trastes que le pedí.

Fui a su habitación y lo encontré absorto en Fortnite. Me acerqué, le levanté un lado de la diadema auricular y él dio un sobresalto.

—Ah, sí, lo había olvidado. ¡Ja, ja!

—Eso veo.

—Termino aquí y voy a lavarlos, pa.

Todo bien, todo en orden.

Capítulo 34

水俣

Minamata

Minamata

Japón, 1990. Todo encajaba. Trenes puntuales, calles impecables, ni una grieta, ni un papel fuera de lugar, igual que el traje de los asalariados. Como si el desorden fuera un crimen.

A mis once años, recién llegado de Colombia, me asombraba el simple hecho de que todo funcionara.

Por eso lo vi de inmediato.

Un hombre en el suelo, un engranaje suelto en la maquinaria perfecta. Sin camisa, el cuerpo retorcido, los dedos crispados como ramas secas. No parecía un mendigo, a menos que en Japón los mendigos gritaran por megáfonos con furia. A su alrededor, carteles en japonés que no podía leer.

Nadie lo miraba. La gente pasaba de largo, con la prisa calculada de quien esquiva sin parecer que huye, como si ignorarlo bastara para cerrar un capítulo incómodo. Pero él seguía ahí, aferrado a su megáfono, gritando como si aún quedara algo por decir, como si el país entero intentara enterrar lo que para él seguía siendo una herida abierta.

No recuerdo sus palabras, solo el eco de una que repitió con insistencia: *Minamata*.

Le pregunté a mi madre qué significaba. Ella siempre sabía de todo un poco.

—Un pescado envenenado de hace muchos años —respondió sin más.

No hubo tiempo para explicaciones. La estación de Yokohama nos arrastró con su frenesí, la modernidad nos absorbió entre centros comerciales y luces de neón. Ese día compré mi primer Gundam, un robot articulado que se doblaba en todas direcciones. Mientras lo movía, recordé al hombre en el suelo. Su cuerpo parecía torcido de la misma forma.

Más tarde, en la escuela, nos mostraron fotos del caso *Minamata*. Imágenes que nunca pudimos olvidar.

> "El silencio de los buenos es más aterrador que la brutalidad de los malos".
>
> Martin Luther King Jr.

No podía cerrar este libro sin evocar aquel recuerdo de infancia. Cada vez que paso por ese lugar, dos imágenes inseparables vuelven a mí: mi primer robot y aquel hombre en el suelo. Japón se convirtió en mi nueva nación, con todo su esplendor y sus cicatrices. Sus luces y sombras ahora son mi hogar.

Minamata

El viento apenas movía los carteles.
El hombre en el suelo, torcido,
aferraba un megáfono.
Nadie lo miraba.
Las sombras lo cubrían a ratos.
La ciudad intenta borrarlo.
Minamata.

La palabra flotaba,
pero nadie la decía.
El agua seguía su curso.
Incolora.
Indolora.
Inocente.

Los peces flotaron en silencio.
Los gatos danzaron antes de caer.
Los niños no caminaron.

Los hombres gritaron tarde.

Chisso vertió.
Japón bebió.
Japón olvidó.
El hombre en el suelo no.
Yo tampoco pude.

Capítulo 35

Kuchibiru

Labios

Antes de besarnos, fuimos cómplices de una risa tonta que nos trajo hasta aquí.

Nos conocimos en Japón. Me pidieron que fuera tu profesor de japonés.

No había espacio en mi agenda, pero cuando la vi, el espacio se hizo, como Dios hizo la luz.

Estabas solo de visita, de paso, y un novio te esperaba en tu país de origen.

No había espacio para un romance, solo para conversaciones interminables, y en eso no había nada de malo.

Compartimos charlas maratónicas, nos perdimos en historias y recuerdos de infancia, deambulamos por estaciones y pasillos sin más compromiso que la risa.

Fueron seis meses, quizá un poco más, sin siquiera tomarnos de la mano, salvo para correr y atrapar el último tren de las 11:45.

No había incertidumbre sobre el futuro, porque no había futuro entre nosotros.

Solo un presente perfecto.

La certeza de que hasta la medianoche podíamos descubrir algún rincón nuevo de la ciudad.

A esa edad, los dos sabíamos que hay besos que lo arruinan todo.

Quizás por eso, sin darnos cuenta, lo fuimos postergando. Mejor caminamos en el parque de los novios y alimentamos palomas.

Mucho antes de besarnos, jugamos billar en los elegantes salones de la ciudad, derribamos bolos entre risas y me volví un experto en atrapar peluches en las máquinas de premios.

Antes de besarnos, comimos esas hamburguesas sin pan que solo en Japón tienen sentido y caminamos bajo el sol del Puerto del Futuro, Minato Mirai.

Antes de besarnos, nos regalaron entradas para un concierto en el Tokio Dome. Era Mariah Carey, y lo que más recordamos no fue solo su voz, sino nuestro apetito y aquella carne gigante del restaurante Kuishimbo.

Todos dudaban de tanta complicidad entre los dos, por meses, y sin un beso.

Ni nosotros lo creíamos.

Parecía un romance,

pero sabe Dios que no lo era.
Al menos en nuestra mente.
Y quizás por eso lo disfrutamos tanto.
Antes de besarnos,
sin importar el desenlace,
me sentía afortunado de vivirlo.
De tener una amistad en su forma más pura, de postergar lo inevitable
para prolongar lo auténtico,
a una edad donde la inocencia se desvanecía.
Antes de besarnos, sin saberlo,
fuimos compañeros de un viaje
que quizás siempre seremos.

ANTES DE BESARNOS

En un aula llena de voces jóvenes,
preguntaron por el amor,
por los besos y esa promesa de un siempre.
Después del primer beso,
vendrán otros mil.
Se besarán cada día,
dormirán juntos cada noche,
harán el amor antes o después del café.
El beso se hará costumbre,
será certeza, ya no sorpresa.
Pero antes de besarnos,

existe la magia del instante sin promesas,
sin prisas, sin nombres tallados en piedra.
Un presente perfecto,
dos almas que caminan
sin intentar poseerse.
Prolongad ese tiempo,
respirad la espera sin temor.
Que la risa no deba explicarse,
que el roce no exija destino.
Que compartir no sea contrato ni deuda,
sino el gozo efímero de la flor
que se abre sin dueño.
No hay miedo.
No se pierde lo que nunca se ha poseído,
ni se gana lo que jamás se ha pedido.
Hay que abrir las manos,
dejar que el viento nos sostenga.
Que, si el amor llega,
no sea un salto al vacío,
sino tierra fértil,
raíces profundas.
Un florecer sin prisa.

—

Hoy, veinticuatro años después,
aún no recuerdo qué postergué aquel día
para hacerle un espacio en mi agenda.

Una clase de japonés que nunca ocurrió,
porque terminamos hablando del universo.
Pero al ver a Kenji David regresar de la universidad
y a Keigo Daniel conduciendo a mi lado,
sé con certeza que,
fuera lo que fuera,
valió la pena.

本当の友情は自然に生まれる。咲こうが枯れようが、
良き友であることを学ぶのは決して無駄ではない。

"La verdadera
amistad acontece.
Florezca o se marchite,
nunca es en vano
aprender a ser
un buen amigo".

Capítulo 36

Ōnami

Gran ola

Ōnami, cuyo nombre significaba "Gran Ola", no solo era un luchador formidable, era una fuerza de la naturaleza en el tatami.

En los entrenamientos, vencía a sus compañeros con facilidad, incluso a su propio maestro en muchas ocasiones. Su destreza era tan abrumadora que arrancaba risas de incredulidad en el dojo.

Sin embargo, en las competiciones era otra historia. Algo parecía quebrarse dentro de él. Su confianza se desvanecía, el miedo paralizaba su fuerza, esa misma que en las prácticas era imbatible se disipaba como espuma de mar en la orilla.

Bastaba un rival menor para hacerlo tambalear y caer derrotado.

Desesperado por superar su bloqueo, emprendió un largo viaje hasta el templo de un maestro zen. Allí, con el peso de la frustración en sus hombros, le confesó su problema:

—En la práctica, soy invencible, pero en las peleas reales me vuelvo frágil como una brisa. No sé qué hacer.

El maestro lo observó con serenidad y solo le hizo una pregunta:

—¿Quién eres?

—Ōnami —respondió con voz insegura.

El maestro asintió y le dijo:

—Quédate esta noche en el templo. Medita en tu nombre. Visualiza el mar en calma, las olas deslizándose sobre la arena, la superficie serena como un espejo. Luego, imagina cómo, poco a poco, una gran ola se alza, incontenible, poderosa, arrasando todo a su paso.

Ōnami obedeció. Pasó la noche en meditación, dejando que las palabras del maestro se grabaran en su mente. Y entonces, el agua comenzó a filtrarse por las rendijas de las puertas, primero como un murmullo, luego como un río imparable. Pronto, el templo entero se inundó. El estruendo del mar creció, las olas se desbordaron por las calles de la aldea, alcanzaron las casas y se elevaron hasta rozar la pagoda.

Pero Ōnami no solo imaginaba la ola. Ōnami era la ola.

A la mañana siguiente, el maestro lo despertó. El luchador estaba empapado en un mar de lágrimas, mezcladas con el sudor de una batalla interna ganada. Lágrimas de alivio, de cura, de paz.

—Ahora eres la ola —susurró el maestro.

Ōnami regresó al tatami con una presencia distinta. Ya no había miedo, ya no importaba ganar o perder. Su mente estaba libre, y con ello, su fuerza fluyó sin restricciones. En cada combate, se movía con la misma naturalidad con la que entrenaba, y así, como una gran ola, arrasó con sus oponentes en cuestión de minutos.

Desde todos los rincones del archipiélago de Yamato, e incluso de tierras lejanas, llegaron retadores con la esperanza de derrotarlo. Pero Ōnami, ahora en completa armonía con su esencia, era imparable.

Al dejar de resistirse a su propia naturaleza, se convirtió en lo que siempre había sido: la gran ola.

> "No podemos resolver problemas con el mismo nivel de pensamiento que los creó".
>
> Albert Einstein

Seis lecciones de Ōnami

- El largo viaje: Busca ayuda.
- El maestro: Habla con un profesional. ¿Quién eres? Conoce tu identidad.
- El templo: Aparta un tiempo para ti.
- Imagina: Descubre tus sabotajes.
- Paz y equilibrio: Prioriza tu salud mental.

情熱を持って愛する者は愛の本質を知る。身体を集めるだけの者には、それは分からない。闇の日々に、詩も物語も残らない。

"Quien ama con
pasión comprende el amor;
quien solo
colecciona cuerpos no.
Y en los días oscuros,
sin prosa ni poesía,
no habrá historias
que contar".

Capítulo 37

Tarō

Tarō

Lejos, en las profundas cavernas de un país extraño, dormía un dragón de ojos rojos como carbón ardiente.

Los aldeanos vivían con miedo.
Las madres hacían que sus hijos
durmieran temprano,
no fuera a ser que el dragón los escuchara
en el silencio de la noche y despertara.

Todos esperaban que algún gran guerrero llegara un día y acabara con aquella bestia.

Pero había un niño llamado Tarō que no tenía miedo.

—Tarō, ¿a quién debo invitar a tu cumpleaños? —preguntó su mamá.

—Al dragón.

La mamá abrió los ojos muy grandes.

—¿Al dragón? ¿Acaso estás loco?

—No, mamá. Quiero que venga.

Por obvias razones, nadie tomó en serio su pedido, mucho menos su madre.

El día de su cumpleaños, Tarō salió de casa y caminó hasta la montaña. Subió y subió hasta llegar a la cueva. Se paró frente a la enorme entrada y gritó:

—¡Señor dragón! ¡Señor dragón!

Desde la oscuridad, dos grandes ojos se encendieron. El gran dragón gruñó y sacó su cabeza.

—¿A quién se le ocurre despertarme de mi placentera siesta de mil años? ¿Quién eres y qué quieres?

—Soy Tarō. Hoy es mi cumpleaños y mi madre preparó mucha comida para la fiesta. He venido a invitarte.

El dragón parpadeó. Nadie, nunca, lo había invitado a nada. Todos lo temían, todos lo odiaban.

—¿A mí? ¿Por qué?

—Créame, señor dragón, nadie cocina mejor que mi madre. No se va a arrepentir.

El dragón sintió algo extraño.

Un nudo en la garganta, un calor en el pecho, y una lágrima caliente rodó por su enorme cara. Luego otra. Y otra más.

Lloró tanto que sus lágrimas bajaron por la montaña y formaron un río.

—Sube, Tarō. Te llevaré a casa.

Tarō trepó sobre la espalda del dragón y, mientras descendían por el río de agua termal, el cuerpo del dragón cambió; su piel se convirtió en largos listones de madera brillante.

Cuando llegaron al pueblo, Tarō ya no iba montado sobre un dragón, sino navegando en un enorme y hermoso barco de madera que preservaba la forma del dragón.

Esa noche hubo una gran fiesta. Aunque nadie entendía bien lo sucedido, desde entonces cientos de peregrinos visitan el río para aliviar sus cuerpos cansados en las aguas termales, nacidas de las lágrimas del dragón que aprendió a llorar el día del cumpleaños de Tarō, el niño que no tenía miedo.

Adaptación y traducción por Yokoi Kenji.

La historia de Tarō siempre me ha fascinado. Creo que revela algo esencial: existe un miedo vital que nos protege de la muerte, pero también otro inútil que, en lugar de salvarnos, nos impide vivir plenamente.

Ese miedo innecesario nos roba la alegría del presente, el placer de convivir, crecer y disfrutar de todo aquello que realmente le da valor a la vida.

> "Nada en la vida debe ser temido,
> solamente comprendido".
>
> Marie Curie

喜びも悲しみも隠さずに表現すること。それが、誇りの毒を克服する第一歩だ。

"Expresar sin reservas
nuestra alegría y
nuestro dolor
es el primer paso
para vencer el veneno
del orgullo".

Capítulo 38

Tegami

365 cartas

"Ni tan lento que te alcance la muerte,
ni tan rápido que tú la alcances a ella".

Proverbio japonés

No existía internet. Ni mensajes instantáneos. Solo la magia de la casualidad.

El tren recorría kilómetros de paisaje interminable. El joven disfrutaba del viaje, sin darse cuenta de cuándo otro pasajero se sentó a su lado, sin darse cuenta de cómo, en cuestión de minutos, estaban hablando como si fueran viejos amigos.

El trayecto era largo, pero se pasó volando. Rieron, jugaron cartas y compartieron anécdotas y confidencias que jamás habían contado a nadie.

Cuando el altavoz anunció la última parada, el alma se les encogió. Para entonces, ya sabían que vivían en extremos opuestos del país.

Se despidieron con un fuerte abrazo y la promesa de escribirse por carta, además de un reencuentro exactamente un año después.

—Iré a visitarte —le prometió él.

En el último instante, intercambiaron direcciones.

El joven comenzó a suspirar cada vez que recordaba el maravilloso encuentro. Estaba evidentemente enamorado.

Al llegar a su casa, tomó una decisión radical y, convencido de su ingenio, se sentó en su escritorio. Tomó papel y tinta y, con férrea determinación, trazó el primer mensaje de 365 cartas.

Sí, una carta por día.

Nada extenso, apenas un saludo, un chisme del vecindario, un chiste o una frase célebre.

La idea no era hostigar, solo estar presente.

365 días, 365 cartas.

Cada noche, sin falta, se sentaba a escribir. Cada mañana, con la disciplina de un soldado, cumplía la misión de enviarla.

El año transcurrió entre letras y suspiros, hasta que llegó el esperado día. Tomó un tren, imaginando el momento del reencuentro.

Al llegar, su corazón latía con fuerza. Subió los escalones del porche y tocó el timbre.

Esperó.

Silencio.

Tocó de nuevo.

Nada.

Se inclinó hacia la ventana, pero la casa parecía vacía. Solo entonces notó el murmullo a lo lejos, una algarabía que venía del fondo. Rodeó la casa, siguiendo el sonido de risas y música.

Una celebración.

Una gran carpa blanca, flores adornando el pasillo, invitados elegantemente vestidos.

Su estómago se encogió.

Sí, era un matrimonio.

Se empinó rápidamente para ver quién era la novia.

Sí, era ella. Vestida de blanco.

Pero lo que más le dolió no fue verla casándose, sino la respuesta que le dieron cuando preguntó:

—¿Con quién se casa la dama?

Apenas terminó la pregunta, tres señoras a su lado se giraron y, al unísono, respondieron:

—¡Con el cartero!

——

Para mí, ser orgánico es no forzar las cosas. Porque se rompen.

話す権利が私にはある。聞かない権利が君にはある。暴力のない共存こそが、本当の自由だ。

"Tengo el derecho
de hablar;
tú, el de no escucharme.
Y en esa coexistencia
sin violencia
se define la libertad".

Capítulo 39

Shitsuke

Disciplina

—No puedo. No entiendo nada. Son tres escrituras y miles de caracteres. Jamás lo lograré.

Esa tarde, al llegar a casa, solo quería desahogarme.

—Usted mismo me lo ha dicho: no soy inteligente.

Mi padre me miró con su serenidad implacable y dijo:

—No necesitas ser inteligente, solo disciplinado. Si el maestro dice "toma nota", hazlo, aunque no entiendas.

En Japón, es más importante saber hacer caso que ser inteligente.

Hizo una pausa. Se veía absolutamente seguro de sus palabras.

—El inteligente termina perdiendo por confiar demasiado en sí mismo. El disciplinado valora cada oportunidad porque sabe lo que le ha costado llegar.

—Recuérdalo, Kenji: la disciplina, tarde o temprano, vencerá a la inteligencia.

No imaginé el alcance de esas palabras.

El maestro se acercó al tablero y, sin pronunciar palabra, comenzó a rasgar la pizarra con trazos de tres escrituras distintas: hiragana, katakana y kanji.

La tiza danzaba con precisión sobre la superficie verde y oscura, trazando un enigma que tomaba forma como una pintura abstracta, casi un Picasso en tiza. Un caos indescifrable… al menos para mí.

Finalmente, el maestro se detuvo, se giró, apoyó las manos en cada extremo y dijo:

—Muy bien, transcriban a sus cuadernos.

Un nudo volvió a instalarse en mi estómago. Nunca fui un estudiante brillante, ni siquiera en mi propio idioma. Jamás voy a lograrlo…

Entonces recordé la consigna: disciplina.

Por primera vez en mi vida escolar, decidí simplemente hacer caso.

No por obediencia ni respeto, sino porque era lo único que podía hacer bien. Los inteligentes pueden permitirse la indisciplina; yo no tenía ese lujo.

Abrí mi cuaderno y copié cada "mamarracho" como si lo entendiera. Dibujar siempre se me dio bien, así que tracé los caracteres con la misma precisión con la que antes dibujaba motos futuristas. Sin darme cuenta, empezó a ser divertido.

Estaba tan absorto que no noté cuando el maestro se acercó.

Se inclinó sobre mi cuaderno, frunció el ceño, evidentemente sorprendido.

—Niño Yokoi, ¿ya entiendes todo?

Me mordí los labios para no reír. Lo miré, pero en mi cabeza solo pensé en español:

"No entiendo un carajo. Solo estoy dibujando".

Con el tiempo, me encontré enseñando japonés a latinos.

Años después, entré en las aulas escolares de Brasil y Colombia y vi en los ojos de los niños la misma incertidumbre que un día fue mía.

Me incliné hacia ellos y, tras una pausa, absolutamente seguro de mis palabras, les dije:

—La educación no pertenece a los más inteligentes, sino a aquellos que no desisten de intentarlo.

躾はやがて才能を超える

"La disciplina,tarde o temprano,
vencerá a la inteligencia".

危機を恐れない。正面から向き合い、前に進む。成功には警戒する。その輝きの裏に、罠が潜んでいるからだ。

"A la crisis no le temo;
la miro de frente y continúo.
Al éxito lo observo
con cautela;
sé que el peligro
acecha tras su brillo".

Capítulo 40

オオカミ

Ōkami

Las pestañas del lobo

El martillo golpeaba el metal y, en el pueblo, todos conocían la prosperidad y el trabajo del herrero. Pero la vida no discrimina cuando llueven tristezas. Su esposa murió al dar a luz a Akiko, su única hija.

Con el tiempo, volvió a casarse, más por necesidad que por amor. Su nueva esposa no trajo paz, sino sombras. Fría, calculadora, medía todo en términos de utilidad. Y Akiko no le servía.

La detestaba.

No porque fuera desobediente ni porque causara problemas. La odiaba porque sonreía. Porque, a pesar de la humillación y el trabajo agotador que le imponía, Akiko no dejaba de brillar.

Y eso, para la madrastra, era más que insoportable.

El destierro

A medida que Akiko crecía, la carga de trabajo aumentaba. Pronto quedó sola a cargo de la casa, mientras la madrastra holgazaneaba y daba órdenes. Por las noches, envenenaba los oídos del padre con calumnias.

—Se entretiene con cualquiera. Una joven de buena familia no debe comportarse así. ¡Ahuyentará a los clientes!

Otras veces, el ataque era más directo:

—Si no la vigilara, lo regalaría todo. Para gastar es hábil, pero traer dinero a casa es otra historia. Nos arruinará. Ya verás adónde nos lleva su "buen corazón".

Día tras día, la calumnia hizo su trabajo. El herrero, agotado, comenzó a creerle.

Akiko nunca se defendía. Solo bajaba la cabeza, contenía las lágrimas y seguía adelante. Y, al amanecer, su canto volvía a llenar la casa.

—No toma en serio los consejos bien intencionados —murmuraba el padre, endureciendo su corazón.

Hasta que, en la víspera de Año Nuevo, la madrastra encontró la excusa perfecta para deshacerse de ella.

—¡Akiko ha traído la desgracia a esta casa! —gritó—. A propósito, usó arroz viejo para el pastel sagrado, en lugar del mejor grano. Ha insultado al dios de la Felicidad.

El padre, furioso, no lo pensó dos veces.

—¡Fuera de mi casa! —tronó su voz.

Y así, Akiko fue expulsada al frío invierno.

El rechazo

Deambuló por el pueblo mientras las casas se llenaban de luces y risas por el Año Nuevo. Nadie notó su desgracia. El frío y el hambre la entumecían. Buscó refugio, trabajo, un lecho donde pasar la noche, pero solo encontró puertas cerradas.

Débil, tambaleante, llegó a un albergue y golpeó la puerta.

—Señor posadero, solo un poco de té caliente, por favor. No tengo dinero, pero puedo dejarle mi chaqueta como prenda. Solo necesito algo caliente para comer.

El hombre soltó una risa seca.

—¡Qué fácil sería el mundo si todos hicieran lo mismo! No, dame la chaqueta. La venderé y ya veremos cuánto vale.

Akiko se la quitó sin dudar y esperó afuera, apenas cubierta con un delgado kimono. El posadero envió a su criado a venderla.

Esperó mucho tiempo. El hambre y el frío la consumían, pero se aferraba a la esperanza.

"Mi padre se dará cuenta de su error. No puede existir en el mundo una injusticia así".

Pero el tiempo pasó. Los huéspedes iban y venían. Nadie se fijó en la muchacha acurrucada en el umbral.

Cuando ya no pudo soportarlo más, tocó la puerta con suavidad.

—¡No me molestes, harapienta! ¡Lárgate, espantas a mis clientes! —gritó el posadero con desprecio.

Akiko intentó recordarle su promesa.

—Señor, era una buena chaqueta. Seguro que le dieron suficiente por ella para al menos darme arroz, pescado y una taza de té.

El posadero soltó una carcajada burlona.

—¿Una chaqueta? —repitió con falso asombro—. ¡Oh, claro! Una chaqueta valiosísima, digna de una fortuna. ¿Y no me confiaste también una bolsa llena de oro?

Los clientes se asomaron, atraídos por el escándalo.

—¡Escuchen esto! —exclamó el posadero—. Una mendiga exigiendo que le pague por un trapo.

Las risas estallaron a su alrededor. Akiko bajó la mirada, avergonzada.

El frío y el hambre eran insoportables, pero nada dolía más que la injusticia.

—¡Toma, aquí tienes esto! —dijo el posadero, arrojándole un mendrugo de pan duro y un saco remendado—. Para que veas que soy compasivo.

Luego, con una sonrisa cruel, añadió:

—Y ahora, lárgate, o suelto a los perros.

Akiko se colgó el saco a la espalda. Con el rostro ardiendo de vergüenza, huyó entre las risas de los comensales.

Corrió sin mirar atrás hasta que las luces del pueblo quedaron lejos.

La decisión

La nieve comenzó a caer. No sabía dónde estaba ni adónde ir. Solo tenía claro una cosa.

"Este mundo no me reserva nada bueno".

"Si he de morir de hambre y frío… mejor acabar con todo de una vez. Iré al bosque y dejaré que los lobos me devoren".

Sin dudar, se apartó del camino y se adentró en la noche.

"En las montañas hay lobos. En invierno están hambrientos. No tardarán en encontrarme y acabar con mi sufrimiento".

Caminó hasta llegar a un claro. Se sentó sobre una piedra y esperó.

Pero nada ocurrió.

El crepúsculo cayó, la nieve se espesó, el bosque quedó en un silencio absoluto.

—Quizá este no sea el lugar adecuado… —murmuró, con la voz apenas audible.

Se puso de pie y avanzó entre la maleza, siguiendo senderos cubiertos de nieve.

Cada paso era más pesado.

—¡Lobo, querido lobo, ven y cómeme! ¡Ya no quiero vivir! —gritó, rompiendo el silencio de la noche.

Entonces, un crujido rompió la quietud. Las ramas se apartaron y un enorme lobo violeta, de ojos rojos como brasas, saltó al camino.

Se encorvó, listo para atacar. Sus colmillos afilados relucieron en la penumbra.

Akiko se detuvo en seco.

El miedo le heló la sangre, pero recordó las humillaciones sufridas, la injusticia, la indiferencia de los hombres.

Pensó en la muerte lenta que la esperaba si seguía adelante.

Se irguió, tragó saliva y, con voz firme, dijo:

—¡Lobo, cómeme! ¡El mundo ya no tiene nada para mí!

El lobo no atacó.

Se agazapó aún más, guiñó un ojo y la miró con curiosidad. Luego, con un gesto inesperado, se sentó sobre sus patas traseras y habló.

—No, no te comeré. Yo no devoro a los verdaderos humanos.

Akiko lo miró, desconcertada.

—Tienes demasiada confianza —prosiguió el lobo—, pero voy a ayudarte.

Con suavidad, se arrancó dos pestañas plateadas y se las entregó.

—Si alguna vez dudas de alguien, pon estas pestañas ante tus ojos y míralo bien. Verás su verdadera naturaleza.

Akiko sostuvo las pestañas en su mano.

—Confía solo en aquel que no cambie bajo su mirada. Con ese hombre serás feliz. A los demás, no les creas, por muy amables que parezcan.

La joven lo observó con asombro. No supo qué decir.

Finalmente, se inclinó en señal de gratitud y se marchó.

Akiko avanzó sin notar el frío ni el hambre. Su mente aún giraba en torno al lobo y sus palabras.

Al salir del bosque, llegó a una pequeña ciudad. El bullicio la envolvió. Gente por todas partes: campesinos con cestos al hombro, comerciantes guiando caballos, mujeres con kimonos lujosos, hombres de porte distinguido.

Todo parecía en orden.

"Todos se ven honrados, respetables...", pensó Akiko. "Quizás el lobo se equivocó".

Pero recordó su advertencia. Sacó las pestañas y miró a través de ellas.

El mundo cambió.

La mujer noble envuelta en seda ahora tenía cabeza de gallo y picoteaba con avidez a su alrededor. Su institutriz, cara de pez, apenas se movía con torpeza, mientras sus sirvientas se convertían en ratones y gallinas temerosas.

Más adelante, un funcionario con su séquito. Del cuello rígido de su kimono emergía orgullosa la cabeza de un cerdo.

Un comerciante urgió de una calle lateral. Era un zorro. Su mirada astuta escaneaba a todos con la intención de sacar ventaja.

Akiko miró una y otra vez. No había un solo rostro humano.

Un peso se instaló en su pecho.

"¿Es este el mundo real?", pensó con tristeza. "¿No queda ni un solo hombre auténtico?".

Estaba a punto de rendirse cuando vio a un joven carbonero avanzando lentamente con un enorme saco de leña a la espalda. Su ropa era humilde, su rostro reflejaba fatiga, pero su andar era firme.

Akiko dudó. Acercó las pestañas a sus ojos.

Miró una vez. Nada cambió.

Miró otra vez. Seguía igual.

Por más que aguzó la mirada, el carbonero conservó su rostro humano de un joven tranquilo, pero seguro de sí mismo.

Akiko sintió alivio. Había encontrado a un hombre auténtico. Pero ¿cómo acercarse sin parecer extraña?

Decidió seguirlo a distancia. Si veía dónde vivía, quizá encontraría la forma de hablarle.

En el mercado, el carbonero intercambió su carbón por té, arroz y sal. Luego, sin detenerse, tomó rumbo a la montaña. Akiko intentó seguirle el paso, pero su cuerpo agotado apenas respondía.

Pasaron junto a campos de arroz y se adentraron en un sendero boscoso. De repente, él desapareció.

Akiko miró a su alrededor, desesperada por no perderlo. Entonces, a lo lejos, vio una delgada columna de humo.

"Debe ser su casa".

Con el último aliento que le quedaba, siguió la dirección del humo hasta llegar a un claro donde se alzaba una pequeña cabaña junto a una carbonera.

Se acercó, asomó la cabeza. Nadie.

Solo el fuego encendido y una olla de agua caliente. El carbonero no podía estar lejos.

Sin fuerzas, se dejó caer en el umbral y esperó.

Pasaron unos minutos.

De pronto, pisadas entre los árboles.

El carbonero emergió del bosque, se detuvo en seco al verla y frunció el ceño.

—¡Me has seguido hasta aquí, fantasma! —soltó con dureza—. Sigue tu camino, en mi casa no encontrarás nada.

Akiko se levantó con esfuerzo, hizo una reverencia y habló con voz serena.

—No soy un fantasma, señor. Soy solo una persona…

El carbonero la observó con más atención.

—Lo noté en la ciudad, por eso apresuré el paso. Pero te quedaste atrás. Pensé que eras un espíritu, una mujer sola no suele recorrer el bosque. Por eso no entré en la cabaña. Si eras un fantasma, quería que desaparecieras.

Se cruzó de brazos.

—Pero, dime, ¿qué hace aquí una muchacha como tú? No pareces una vagabunda. Habrás conocido tiempos mejores.

Akiko respiró hondo y le contó todo.

La madrastra, el padre, el exilio… Su deseo de morir en el bosque.

Luego, sin titubear, le preguntó:

—¿Puedo quedarme contigo? Sé cocinar y cuidar una casa. No seré una carga.

El carbonero la miró largamente.

—Yo estaría satisfecho. Pero no sé si tú lo estarás en mi casa. Solo soy un simple carbonero que vive de lo que sus manos pueden hacer.

El carbonero miró a Akiko con seriedad.

—Mi casa no es un hogar rico.

Pero ella no buscaba riquezas. Solo un techo, solo una oportunidad. Antes de entrar, bajó la mirada a sus pies sucios por el viaje. No podía cruzar la puerta así.

—¿Dónde puedo lavarme?

—Detrás de la carbonera, en el lindero del bosque, hay un manantial.

Akiko siguió sus indicaciones y se inclinó sobre el agua cristalina. Algo extraño ocurrió.

"¿Por qué brilla, si ya es de noche?".

Miró más de cerca. Eran las piedras en el fondo, resplandeciendo como si guardaran luz dentro. Sacó una y la examinó. Luego, se lavó los pies con cuidado, casi avergonzada de ensuciar un manantial tan puro.

Cuando se agachó para beber, una nueva sorpresa la detuvo.

No era agua lo que fluía del tubo de bambú.

Era sake.

El aroma embriagador le hizo abrir los ojos con asombro. No solo sake, sino el mejor que había probado jamás.

Con el corazón acelerado, corrió de regreso a la cabaña.

—¿Sabes lo que es esta piedra? —preguntó, mostrando el fragmento dorado.

El carbonero la miró sin interés.

—Solo una piedra. Hay muchas en el manantial. Son bonitas, brillan incluso secas. Las uso para decorar la chimenea.

—¡No es una piedra! ¡Es oro puro!

El carbonero frunció el ceño.

—¿Oro? ¿Y me darían arroz a cambio de eso? No sé en qué mundo vives, pero yo siempre he cambiado mi carbón por comida.

—¿Y el manantial? ¿Sabes lo que brota de él?

—Claro, agua pura y fresca. La bebo desde siempre.

Akiko rio con incredulidad.

—¡No es agua, es sake! ¡El mejor que he probado en mi vida!

El carbonero la observó en silencio.

—Mañana iremos a la ciudad —insistió ella—. Cambiaremos este oro por dinero y construiremos un albergue junto al manantial. ¡Verás la vida que tendremos!

El joven no lo creyó, pero al ver que la tristeza desaparecía de su rostro, prefirió no contradecirla.

Al día siguiente, llevaron el oro a la ciudad.

La Carbonera Apagada

Poco después, en el claro del bosque, se alzó un albergue. Lo llamaron La Carbonera Apagada.

Su sake se volvió famoso. Comerciantes y samuráis viajaban kilómetros solo para probarlo. Incluso el príncipe de la provincia ordenó que le enviaran botellas a su palacio. Nunca volvió a beber otro sake.

Pero Akiko nunca dejó de recibir a los viajeros más humildes. Monjes, mendigos, errantes… a todos les ofrecía una sonrisa y un plato caliente.

El regreso del herrero

Mientras tanto, en su pueblo natal, el destino cobraba cuentas.

La madrastra, sin Akiko a quien atormentar, se amargó hasta consumirse en su propio veneno. No tardó en enfermar y morir.

El herrero, por su parte, vio cómo su taller se derrumbaba sin explicación. Las hachas se partían antes de usarse, las guadañas no cortaban, los clientes desaparecían.

Intentó culpar a sus aprendices, los despidió uno tras otro. Pero nada cambió.

Su prosperidad se esfumó.

Cuando no le quedó nada, se unió a los mendigos.

Un día, su camino lo llevó hasta La Carbonera Apagada. No reconoció a su hija, pero algo en la hospitalidad de la dueña lo conmovió.

En lugar de desprecio, recibió sopa caliente y sake.

El anciano, conmovido, susurró:

—Mi pobre Akiko… ¿qué habrá sido de ella? ¿Seguirá vagando por el mundo, o ya habrá muerto?

Las lágrimas rodaron por su rostro.

Akiko, que servía a los comensales, sintió una punzada en el pecho. Se acercó al anciano y reconoció a su padre. Una alegría enorme llenó su grande corazón y con voz temblorosa, dijo:

—Padre, no llores más. Soy tu Akiko.

El herrero levantó la mirada y sus ojos se llenaron de asombro.

—Akiko, hija mía... —sollozó—. Dioses, cómo me ha castigado la vida por la injusticia que cometí.

Akiko llamó a su esposo. Los tres se abrazaron, llorando.

El herrero se quedó con ellos y vivieron felices. Con el tiempo, el anciano contaría esta historia a sus nietos, quienes escucharían con asombro el origen del legendario albergue La Carbonera Apagada.

Las pestañas del lobo

Versión traducida y adaptada por Yokoi Kenji.

Para profundizar en las enseñanzas de esta historia, te invitamos a ver "10 lecciones de Las pestañas del lobo" en el canal de YouTube del autor.

まず幸せになる。それから、すべてをする。

"Primero soy feliz.
Después, hago todo lo demás".

Capítulo 41

ピエロ

Piero

El payaso

El destino nos lanza con un sueño y nos guía por senderos inesperados. Terminamos siendo algo distinto, quizá más grande, más nuestro. Queríamos ser una cosa, pero descubrimos que, a veces, destacamos en lo que nunca imaginamos. Como si, al perdernos, encontráramos el camino correcto.

Como aquel pintor que, insatisfecho con sus herramientas, comenzó a fabricar sus propios pinceles. Lo hizo tan bien que los mejores artistas del mundo los usaban. Su nombre resonaba en exposiciones, en bocas de críticos y galeristas. Se convirtió en el mejor, en el más reconocido. Mientras sus cuadros pasaban desapercibidos, sus pinceles se convertían en costosos símbolos de prestigio.

Aplaudían a los pintores,
pero ellos lo aplaudían a él.

Quise ser doctor. Me fascinaban las historias de cirujanos y la precisión de sus manos. Trabajé como traductor médico, inmerso en su mundo. Pero mis habilidades eran otras: impulsivas, abstractas, poco meticulosas. No sé qué tan hábil habría sido con un bisturí, pero con las palabras, sin duda, encontré mi lugar.

Quisimos ser bomberos, astronautas, policías o futbolistas… y, quién sabe, quizá ellos soñaban con ser otra cosa. No siempre podemos elegir la letra de la canción, pero el ritmo y el baile nos pertenecen.

Si hubiera sido lo que soñé, ¿no habría encontrado también un motivo para quejarme?

Al final, la queja es más un hábito que una razón.

La vida es una colección de recuerdos que intentamos ordenar antes de que el tiempo los borre. Este libro guarda historias que se resisten al olvido, como esas canciones que creemos recordar hasta que, un día, nos damos cuenta de que no tanto, y corremos a escucharlas de nuevo.

A propósito de este capítulo, esta es una de esas letras que marcaron mi vida:

El payaso

Era capaz de hacer a un niño reír sin parar.
Tenía ocurrencias tan geniales, solo él era capaz.
La cara pintada de colores y en la mano un violín,
que sonaba más o menos, pero hacía reír.
Y el caso es que, en el fondo, era un infeliz.
Le parecía ridículo pintarse la nariz.
Lucía mucho más un salto mortal,
y él quería
ser equilibrista y oír
sobre la pista ovaciones
en vez de tanto reír.
Nunca supo asumir su posición, sin darse cuenta
de que hacía feliz a tantos en su papel de Cenicienta,
que, si un día faltase, el circo llegaría a su fin,
que nunca sería el mismo sin su violín.
Pero él seguía empeñado en ser infeliz.
Se veía tan ridículo con la nariz pintada,
soñaba todavía con el trapecio,
pretendía
ser equilibrista y oír
sobre la pista ovaciones
en vez de tanto reír.
Fue una mañana blanca e invernal.
Tras el ensayo,
no pudo resistirlo más.
Se subió al travesaño,
y, al verse en la altura,
sintió subirle el vértigo hasta la nuez.

Y no habían puesto mallas
la última vez.
Apenas sintió nada cuando cayó.
El domador, que regresaba,
fue el primero que lo vio.
Logró salvar la vida y, un mes más tarde, le dijeron:
"Todo ha terminado.
El circo ha cerrado.
Ya no venían niños a la función".
Hoy vive retirado en algún lugar, en las afueras,
pegado día y noche a su silla de ruedas.
Parece que ha terminado aceptándose por fin;
incluso algunas veces toca el violín.
Diez niños le visitan y le hacen feliz.
Cuando los ve llegar a lo lejos,
se pinta la nariz.
Y cuando alguno se burla con desprecio, él contesta:
"Sería un miserable,
sería yo el culpable,
si no cumpliese la misión que recibí.
Porque, aunque fui un fracaso, soy,
de profesión, payaso.
No me juzgues mal,
Dios me hizo así".

Álbum musical: Nada especial / Canción de Marcos Vidal · 1993
Compositor: Tony Hatch / Letra de "El payaso" ***© Sony/ATV Music Publishing (UK) Limited***

他人に厳しい真実を言うのは簡単だ。しかし、自分に向けられた真実を受け入れるのは難しい。

“Decir verdades incómodas
a otros es fácil;
aceptar las que me corresponden es
lo difícil”.

Epílogo

El alma mueca

Las fresas rechinan.
Los pacientes gimen.
Un niño llora.

Siempre es igual. La sala del odontólogo y su aire lúgubre.

El inconfundible olor a antiséptico, látex y metal.

Las agujas se dibujan en mi mente.

El arrepentimiento pesa.

Y el miedo también huele.

Todo empieza con un punto.
Minúsculo. Inofensivo. Silencioso.

Se elige ignorar.
Un punto frente a una salida con amigos.
Un punto frente a un viaje.

Pero el punto no es estático.
Se hunde.
Se expande.
Hasta que un día es demasiado tarde.

Lo que ignoré se hizo orificio.
Un túnel oscuro que devora el esmalte.

Lo dejé estar. Nadie lo notó.
Hasta que masticar se volvió tortura.
Hasta que mi rostro dejó de ser mío, con un cachete inflamado y palpitante.

Entonces vienen las soluciones rápidas:
Pastillas. Hielo. Rezagos de esperanza.

Pero el daño ya está hecho.

"Es un problema de conducto", dicen.
Largo. Costoso. Doloroso.

Un castigo por ignorar lo pequeño.

En la portada de este libro, un diente está vandalizado.
Porque yo he tenido el alma mueca.

Sí, las almas también acumulan caries.

Sé lo que es cargar con un pecado,
un vacío invisible que nadie nota, pero que duele.
Las apariencias son un analgésico, pero no curan.

Un hueco,
una grieta que comenzó como un pensamiento insignificante,
un simple punto,
un asunto postergado.

Ahora es una tristeza incamuflable.

El dolor ignorado no desaparece.

Hoy, a mis cuarenta y cinco años, mis dientes están sanos.
Mi alma, aunque imperfecta, también.

He aprendido a buscar tratamiento a tiempo.
A ir al médico.

Al odontólogo del alma.

El descuido empieza en lo mínimo y crece hasta volverse abismo.

Me gusta la foto.
La pose.
La iluminación.
El trabajo de Hernán Puentes,
el fotógrafo con más portadas de libros y revistas en Colombia.

Solo faltaba vandalizar el diente.
Que el hueco se vea.
Que hable.
Que me recuerde lo frágil que soy.
Porque a esta altura de la vida, no quiero más de esos dolores.
Ni en mis muelas.
Ni en mi alma.

"Lo que no enfrentas te persigue.
Lo que ignoras crece".

Anónimo

Agradecimientos

Kansha

La gratitud me invade al pensar en mi monita, el amor de mi vida. Lo nuestro sigue siendo esa historia que el tiempo se niega a desgastar.

David es un árbol que desafía los vientos; la fuerza y ternura de sus raíces permanecen intactas.

Keigo es un río de alegría y compasión que nunca se detiene.

Y luego está Mr. Jake, quien, con paciencia, desentraña los misterios de la vida.

Me asombra la fortaleza de los míos para enfrentar la vida, pero me conmueve aún más su capacidad de amar, perdonar y abrazar tanto la belleza como el caos de nuestra humanidad.

家族

Kazoku

Mi madre, Martha Yokoi, pedaleó cuatrocientos ocho kilómetros a nuestro lado, de Yokohama a Niigata, con la misma determinación que guía su vida.

Mi padre, Yokoi Toru, sigue con inquebrantable templanza y disciplina.

Mis hermanos, Tama, Hajime y Emmy, hablan conmigo en dos idiomas y en otro que nos inventamos. Soy un privilegiado de tenerlos.

Sarita y Guille abren las puertas a planes inolvidables en la Florida. Las largas conversaciones con mi amigo Don Eliath son un deleite, al igual que las bendiciones de nuestro querido padre Walter de Jesús Zapata.

Diana Melo y José, compañeros de años en esta travesía, testigos y cómplices de tantos momentos.

Javi y Karen, amigos siempre listos para nuevas aventuras. A Milena, Pity, Luisa y doña Margot, por recibirnos con amor, en España o dondequiera que la vida nos cruce.

Y yo, simplemente, contemplo con silenciosa gratitud a Dios, a la vida, al universo —o como el lector prefiera nombrarlo— por el hogar que ancla, los amigos que iluminan y la familia que, aún en la distancia, nos devuelve a nosotros mismos.